내 안의 나와 나누는 대화

내 안의 나와 나누는 대화

허우원용 지음
이지수 옮김

다연
DAYEONBOOK

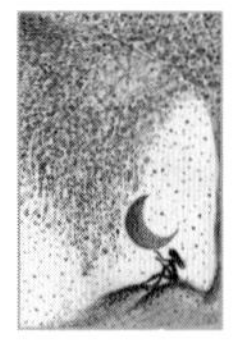
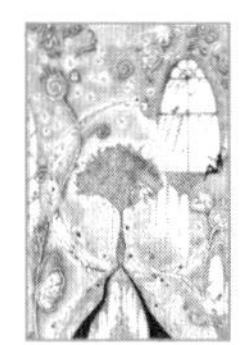

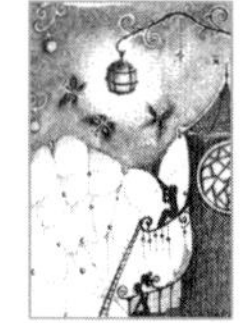

네가 생각하는 가장 즐거운 방식으로 살아봐.
지금 네 나이에 그것보다 중요한 일은 없어.
스스로 행복하고 그렇게 충분한 능력을 쌓을 때
이기적이고 타락한 세상을 변화시킬 수 있어.

Prologue

질문 있는 분은 손을 들어주세요

1

매번 강연이 끝날 무렵, 사회자는 마이크를 건네받아 정리 멘트를 한 뒤 청중에게 묻는다.

"이제 질의응답 시간을 갖겠습니다. 질문 있는 분은 손을 들어주세요."

보통 이 말이 끝나기 무섭게 강연장은 냉큼 침묵에 빠진다. 그러면 나는 분위기를 살리기 위해 말한다.

"만약 질문이 있는데 부끄러워서 못 하겠다면 손을 들고 '이건 제 친구 얘기인데요'라고 말하세요. 그럼 제가 알아서 이해하겠습니다."

강연 분위기가 썩 나쁘지 않았다면 이런 경우 청중석에서는 웃음과 함께 박수가 터진다. 그리고 잠시 뒤, 실제로 누군가가 손을 들어 "정말 제 친구 얘기인데요, 그 친구가……" 하며 첫 포문을 연다. 그 덕분에 비로소 질의응답 시간이 후끈 달아오른다. 이때부터 손을 높이 든 청중의 질문들이 수면 위로 맹렬히 떠오른다. 청중은 생각보다 더 열정적으로 질문하고 내가 답하면서 분위기는 한층 더 고조된다. 결국 질의응답 시간은 질문에 다 답하지 못한 채 끝난다.

강연은 늘 이런 식이다. 사회자는 으레 '시간이 부족한 관계로'를 들먹이며 서둘러 강연을 마무리 짓고, 나는 아쉬운 표정으로 청중에게 인사한 뒤 무대에서 내려온다. 청중은 마지막까지 박수를 쳐주고 그렇게 강연은 원만히 끝난다.

하지만 강연이 잘 끝났음에도 질문하기 위해 손들었던 사람들의 모습이 머릿속에서 쉽사리 떠나지 않는다. 시간 제약으로 질문에 충분히 답해주지 못한 아쉬움과 질문조차 다 받지 못한 안타까움 때문에 강연을 잘 마치고도 마음이 영 불편하다.

'손을 든 사람들은 도대체 어떤 질문이 하고 싶었던 것일까?'

한번은 한 고등학교에서 약 2천 명가량의 학생을 대상으로 초청 강연을 한 적이 있다. 질의응답 시간에 너나없이 손을 들고 있는 해맑은 얼굴들을 보자 갑자기 좋은 생각이 떠올랐다.

나는 내 홍보 담당자를 불러 스마트폰을 갖고 오게 하고는 학생들에게 전화번호를 알려주며 말했다.

"만약 손을 들었는데 지목받지 못해 질문을 못 했다면 언제든 이 번호로 문자메시지를 남겨주세요."

나는 이 말을 남기고 방금 전 질문에 대한 대답을 계속했다.

그런데 1분이 채 지나지도 않아 옆에 놓아둔 스마트폰이 계속 부르르 떨어댔다. 나는 잠시 눈을 돌려 스마트폰 화면을 확인했다. 스마트폰에는 이미 수백 통의 문자메시지가 들어와 있었다.

'이제껏 선택을 후회해본 적 없나요?'

'만약 죽을힘을 다해 노력했는데도 아무 성과가 없다면 포기해야 하나요? 아니면 그래도 계속해야 할까요?'

'실패해본 적이 있나요? 실패했을 때는 어떻게 하면 마음을 잡고 다시 일어설 수 있을까요?'

'인생에서 성적이 정말 중요할까요?'

'정말로 무슨 일이든 어렵지 않다고 생각하나요?'

'제 청춘은 감옥에 갇혀 있는 것 같아요. 이 감옥에서 탈출할 방법을 가르쳐주세요.'

'부모님 잔소리에 시달려본 적 있나요?'

'가장 친한 친구에게 배신당한 적 있나요?'

……

스마트폰 화면에는 한 질문을 다 읽기도 전에 새로운 질문들이 끊임없이 밀려 들어왔다. 그 질문들은 나 역시 성장하는 동안 한 번쯤 떠올렸던 것이었다. 어떤 것들은 답을 찾았고 어떤 것들은 여전히 답을 찾지 못했다. 하지만 그 순간 내가 할 수 있는 일은 홍수처럼 쏟아지는 질문들 중에서 인상 깊은 질문들 혹은 당장 대답해줄 수 있는 질문들을 골라 최선을 다해 대답해주는 것뿐이었다.

호기롭게 제안한 이 묘책은 결코 좋은 방법이 아니었다. 나는 질문에 답을 하면서도 계속해서 울려대는 스마트폰 진동 소리에 정신이 팔렸다. 지금 답하고 있는 질문에 집중하려고 애써도 스마트폰으로 끊임없이 전송되는 질문의 홍수에 휩쓸려 망망대해로 빠져드는 것 같았다. 끝이 보이지 않는 거대한 무언가가 덮쳐오는 기분이었고 그 속에서 내 존재는 너무나 미미하게 느껴졌다.

2

나는 어렸을 때부터 질문이 많은 아이었다. 당시 아이들끼리 서로 누가 더 잘났는지 말로 겨루는 놀이를 자주 했는데 어느 날 한 친구가 이렇게 말했다.

"우리 집은 타이완만큼 크다!"

내가 말했다.

"우리 집은 중국만큼 크다!"

친구가 말했다.

"우리 집은 아시아만큼 크다!"

내가 말했다.

"우리 집은 지구만큼 크다!"

친구가 말했다.

"우리 집은 태양계만큼 크다!"

내가 말했다.

"우리 집은 은하계만큼 크다!"

친구가 말했다.

"우리 집은 우주만큼 크다!"

내가 말했다.

"우리 집은 우주보다 더 크다!"

그날의 놀이는 나의 승리로 끝나는 듯했다. 하지만 잠시 후 친구가 말했다.

"그건 불가능해. 우주는 무한하게 큰데, 무한한 것보다 큰 것이 있을 수 있니?"

내가 말했다.

"분명 우주보다 큰 게 있을 거야. 그럼 너는 우주 밖에는 무엇이 있다고 생각해?"

친구가 단호하게 말했다.

"우주 밖이라는 건 없어."

내가 말했다.

"세상의 어떤 것이든 안이 있으면 반드시 밖도 있어. 안쪽만 있고 바깥은 없는 것이 있다면 하나만 예로 들어봐."

우리는 이렇게 논쟁을 벌이기 시작했다. 그러나 결국 누구도 상대를 설득하지 못했다. 물론 어떤 결론도 있을 수 없었다. 게다가 어른들에게 같은 질문을 해도 이해할 만한 답을 해주는 이가 아무도 없었다.

어린 시절 새해가 되면 부모님과 사찰에 참배하러 갔다. 어머니는 종종 내게 잘 풀리지 않는 문제가 있다면 천지신명께 답을 구하라고 말했다. 어머니는 늘 천지신명께 간절히 소원을 빌고 점괘를 뽑고는 점괘에 적힌 숫자에 따라 한 해의 운세가 적힌 종이를 받았다. 그리고 또 한참을 기다렸다가 점괘를 풀이하는 사람에게 해석을 들었다(타이완에서는 새해에 사찰을 방문하여 숫자가 적힌 그해의 점괘 막대를 뽑아서 해당하는 점괘 종이를 받는다). 점괘를 풀이하는 사람은 두꺼운 안경을 낀 노인이었다. 어머니 차례가 왔을 때 노인은 안경 위쪽으로 어머니를 쳐다보며 천천히 물었다.

"무엇이 궁금하시오?"

어머니가 궁금한 것을 말하자 노인은 점괘 종이를 보며 이런 저런 설명을 했다. 당시 어머니가 어떤 질문을 했는지, 또 점괘를 풀이하는 노인이 어떤 대답을 했는지는 기억나지 않는다. 다만 어머니뿐만 아니라 다른 사람들도 점괘 풀이를 듣고 나서는 속이 아주 시원해진 표정으로 자리를 떠났던 것만은 확실히 기억한다.

어느 날 나는 어머니 몰래 사찰을 찾아가 어머니가 그랬던 것처럼 점괘를 뽑고 점괘 종이를 받아 점괘 풀이하는 노인에게 갔다.

"무엇이 궁금한 게냐?"

그는 어머니에게 그랬던 것처럼 똑같이 물었다.

"우주에 대해 여쭙고 싶은데요……."

나는 잠시 망설이다가 용기를 내어 물었다.

"우주 밖에는 무엇이 있나요?"

노인은 나를 잠시 쳐다보다가 말했다.

"어린애가 그건 알아서 뭐하려고? 집에 가서 열심히 공부하다 보면 언젠가 다 알게 될 거란다."

시간이 흐르면서 나는 훗날 내가 어떤 직업을 갖든 '다른 사람의 질문에 성실히 대답하는 것'이야말로 가장 중요한 책임이라고 생각하게 되었다.

그렇지만 지금 이 일을 하는 것이 점괘를 풀이하던 노인이 그랬던 것처럼 다른 사람의 고민을 해결해주고 희망을 줄 수 있기 때문인지는 잘 모르겠다. 아니면 지금 이 일을 하고 있기에 당시의 기억이 더 특별하게 생각되는 건지도 모른다.

타인의 고민을 해결해준다는 건 굉장히 행복한 일이다. 다만, 조금씩 나이를 먹고 경험이 쌓여갈수록 내가 아는 것에는 혹은 내가 해줄 수 있는 것에는 한계가 있음을 깨닫는다.

3

1986년 겨울, 한 병원에서 인턴으로 일하고 있던 어느 날이었다. 응급실에서 당직을 서고 있는데 심근경색 환자가 실려 왔다. 몇 가지 검사 뒤 나는 그를 중환자실로 이송하라는 지시를 받았다. 환자 가족들과 병원 직원 몇이 침상을 밀며 복도를 지나가는데 환자가 내 손을 잡으며 힘없이 물었다.

"선생님, 저 죽게 되나요? 나 곧 죽어요?"

나는 그의 생존 확률이 높지 않다는 걸 알고 있었지만 차마 사실대로 이야기할 수는 없었다. 내가 망설이는 사이 그가 재차 애원했다.

"선생님, 저 좀 살려주세요."

나는 그를 위로하기 위해 이렇게 말했다.

"걱정 마세요. 저희가 최선을 다할 겁니다."

그가 다시 물었다.

"제가 죽을 수도 있는 건가요?"

내가 말했다.

"죽지 않을 겁니다. 죽지 않을 거예요."

병원에서는 최선을 다했지만 그 환자는 중환자실로 옮겨지고 얼마 뒤 세상을 떠났다. 나는 아직까지도 내 손을 움켜잡았던 그의 손이 점점 차갑게 식으면서 힘이 풀렸던 당시의 그 느낌을 잊지 못한다. 그때 내가 충격을 받았던 이유는 단지 환자가 죽어서가 아니라 절망 속에서 나를 믿고 의지하던 사람의 질문에, 그 마지막 부탁에 제대로 답해주지 못했기 때문이다.

하지만 그 충격은 시작에 불과했다. 그때 나는 차갑게 식어가던 그의 손을 꿈속에서 자주 보게 되리라고는 상상도 하지 못했다. 그리고 제대로 답해줄 수 없는 질문들을 그토록 많이 만나게 되리라고는 더더욱 생각하지 못했다.

그 옛날 점괘 풀이하는 노인이 내게 했던 말을 다시 떠올려 본다.

"어린애가 그건 알아서 뭐하려고? 집에 가서 열심히 공부하다 보면 언젠가 다 알게 될 거란다."

그때 나는 순진하게도 공부를 열심히 하면 세상에 관한 모든 궁금증을 풀 수 있으리라 굳게 믿었다. 그러나 점점 나이를 먹고, 공부를 오래 할수록 사실은 그렇지 않다는 것을 깨달았다. 지금도 나는 우주 밖에 무엇이 있는지 알지 못한다. 게다가 나이를 먹을수록 나의 내면에는 답을 찾지 못하는 문제가 점점 늘어나고 있다. 예를 들면 이런 것들이다.

시간은 어떻게 시작되었는가?

시간의 끝은 언제인가?

만약 끝이 있다면 시간이 시작되기 전과 끝난 후에는 어떻게 되는 것인가?

만약 시간의 시작과 끝이 없다면 시간이 무한하다는 개념은 어떻게 설명할 수 있는가?

직업적인 책임을 다하려면 어떤 질문이든 반드시 답을 찾아 줘야겠지만 세상에는 이처럼 답을 알 수 없는 것이 너무 많다.

이렇게 해결하지 못한 문제들은 점점 쌓여 마음속에 무거운 짐이 되고 있다. 그 탓에 다른 감정들도 마치 블랙홀에 빨려 들어간 것처럼 실종되고 말았다.

4

2012년 여름, 《웃음을 참지 못하고(我就是忍不住笑了)》(국내 미출간)가 출판될 당시 출판사 편집자와 상의한 끝에 기존의 대규모 강연을 질의응답 위주의 소규모 좌담회로 바꾸자는 결론을 내렸다. 우리는 사전에 온라인상에서 독자들의 질문을 받아 간추리고 선별한 다음 독자들을 좌담회에 초대했다.

두 차례 좌담회를 통해 100여 개의 질문에 대답하면서 나는 독자들의 고민과 생각을 더 잘 이해할 수 있었다. 이러한 과정을 통해 그동안 늘 질의응답 시간이 짧아 질문을 다 받지 못했던 아쉬움이 다소 사라졌지만 질문에 답하면서도 여전히 마음 한구석은 불편했다.

나의 소설 《위험한 영혼(危險心靈)》에는 학교 교육에 불만을 갖고 투쟁하는 주인공 시에정제가 한 방송사와 인터뷰를 하는 장면이 그려진다.

사회자가 물었다.

"학생 나이에 이런 투쟁을 하는 건 매우 드문데 분명 주위의 반대도 심할 것 같네요. 혹시 이런 일을 하면서 두려움을 느끼지는 않나요?"

시에정제가 대답했다.

"두렵습니다."

"어떤 점이 두렵죠?"

"……."

"선생님께 혼이 날까 봐 두려운 건가요? 아니면 학생기록부에 안 좋게 기록될까 봐 두려운 건가요?"

사회자가 대답을 유도했다. 시에정제가 고개를 저었다. 그는 크게 숨을 들이쉬고 말문을 열었다.

"제가 굳게 믿고 있는 일이 틀린 것일까 봐 두렵습니다."

독자들의 질문에 답을 하면서 한편으로 이런 생각이 들었다.

'나 같은 일개 작가가 짧은 인생 경험으로 저들의 다양한 질문에 답하는 것이 가당키나 한가? 설령 질문에 답해줄 수 있다 해도 과연 내가 제시한 답안이 문제 해결에 정말 도움이 될까?

만약 효과가 없거나 심지어 역효과를 낸다면 어쩌지?'

나는 이렇듯 복잡한 심경으로 두 번의 좌담회를 마쳤다. 좌담회 이후 출판사에서는 친절하게도 그날 독자들과 주고받았던 대화 내용을 원고로 정리해 보내주었다. 그 원고를 한 페이지씩 넘길 때마다 내 마음은 점점 더 무거워졌다. 그리고 내 사고방식에 허점이 굉장히 많다는 사실을 깨달았다. 곰곰 생각해보니 다른 각도에서 접근했다면 해결하는 데 더 용이했을 것 같은 문제들도 있었고, 더 쉽고 재미있게 대답해줄 수 있는 문제들도 많았다.

이 발견으로 나는 '정답'이라는 것은 유기적이어서 시간이 흐르고 경험이 많아질수록 계속 변할 수 있다는 사실을 깨달았다. 그러면서 또 이런 생각이 들었다.

'정답은 외부적인 요소와 주변 환경으로 끊임없이 달라지고 진화할 텐데, 지금 내가 제시한 정답을 문자화한다면 결국 나중에는 시대에 뒤떨어진 낡은 교본이 되어버리는 것 아닌가?'

만약 내가 생각을 바꾸어 '작가란 어떤 문제에 대해 독자와 함께 사고하며 더 좋은 답을 찾아가는 사람이지, 정답을 제공하는 사람이 아니다'라고 여긴다면 더 이상 정답을 찾으려고 고민하지 않아도 될 것이다. 그렇다면 지금 내 앞에 놓인 저 수많은 질문을 해결해줘야 한다는 중압감도 내던질 수 있을 것이다.

스마트폰에 끊임없이 들어오는 메시지 알림 소리를 들으며 나는 생각했다.

'사람이 근심하는 이유는 남의 스승이 되고 싶어 하기 때문이다!'

그리고 고민에 빠졌다. 과연 저 질문들에 대답해줘야 할 것인가, 말 것인가? To answer, or not to answer?

독자들과의 좌담회가 끝난 직후, 나는 한 여학생의 어머니에게서 편지 한 통을 받았다. 자신의 딸이 원래는 착하고 공부도 잘하는 아이였는데 내가 쓴 소설들을 읽은 뒤부터 학교 성적이 급격히 떨어졌을뿐더러 정서 또한 불안정해 보인다는 것이었다. 부모가 나서서 대화를 시도해보고 학교 선생님께 상담도 부탁해봤지만 아무 소용이 없었단다. 어머니는 아이가 내 열렬한 팬이고 출판사에서 주최한 좌담회에도 참석한 사실을 알고는 최후의 수단으로 내게 아이와 단독으로 만나 이야기를 나눠줄 것을 부탁했다. 편지 말미에 어머니는 아이가 썼다는 글을 첨부했다. 그 여학생의 글에는 나이답지 않은 섬세함과 조숙함이 배어 있었다. 나는 여학생이 좌담회에서 했던 질문을 찾아봤다. 비록 그날 여학생의 질문에 답을 해줬지만 아마 내가 제시한 답은 여학생의 궁금증을 완전히 풀어주지는 못한 것 같았다.

나는 질문에 제대로 답해주지 못한 책임을 통감하고 편지를 보낸 어머니에게 연락해 여학생과 만날 약속을 잡았다. 어머니는 연락을 담당한 출판사 직원을 통해 내게 상담료를 지불하고 싶다고 했지만 나는 완곡히 거절했다. 그럼에도 몇 번이나 더 전화를 해 같은 말을 하기에 나는 정 그렇다면 따듯한 커피 한 잔만 사달라고 부탁했다.

만나기로 한 날, 여학생의 어머니는 나를 보자마자 김이 모락모락 나는 따듯한 커피 한 잔을 건네며 공손히 인사했다. 그리고 딸아이를 내게 소개해줬다. 어머니는 떠나기 전에 내 손을 꽉 잡았다. 어머니의 절박한 마음 때문일까? 아니면 좀 전까지 따듯한 커피를 들고 있었기 때문일까? 여학생의 어머니 손은 무척 따듯했는데, 아주 특별한 기운이 느껴졌다.

"우리 아이를 잘 부탁드립니다."

여학생의 어머니는 이내 내 손을 놔주고 자리에서 물러났다.

내 앞에 앉은 여학생은 다소 침울해 보였다. 여학생은 내 소설을 어떻게 읽게 되었는지, 내 책을 읽으면서 어떤 점을 느꼈고 어떤 생각이 들었는지 설명했다. 이야기하는 내내 여학생의 침울해 보이는 표정 너머 내면에는 거센 파도가 일고 있음이 느껴졌다.

"내가 쓴 이야기에서 가장 마음에 드는 주인공은 누구니?"

"천웨이요."

"이유가 뭐지?"

천웨이는 《위험한 영혼》에 등장하는 굉장히 생각이 많은 소년이다. 그는 학교 투쟁 현장에서 '루안워, 마음의 창문을 열어주오(阮若打開心內的門窗)'를 부르며 자신의 신념을 선언하고 얼마 지나지 않아 자살로 생을 마감한다.

"천웨이야말로 제 마음을 가장 잘 대변해주는 인물인 것 같아요."

여학생은 이어서 내 앞에서 소설 속 천웨이의 독백 장면을 외워 읊기 시작했다.

> 어린 시절 늘 큰 가방을 메고 학교에 가는 꿈을 꿨다. 나는 학교에 가면 생각하는 법과 남을 존중하고 서로 나누는 법을 배울 수 있으리라 생각했다. 그래서 생명이 내게 허락해준 모든 것을 귀히 여기고 이 세상을 더욱 뜨겁게 사랑할 수 있을 거라 생각했다. 하지만 학교를 다니기 시작하면서 내 생각이 틀렸음을 알게 되었다. 선생님들은 이렇게 말했다. 학교는 거대한 경기장이고 우리는 그 속에서 끊임없는 쟁탈전을 벌여야 한다고! 선두를 유지하려면 생각하는 법도, 남을 존중하고 서로 나누는 법도 아닌 평범함과 냉담함 그리고 탐욕과 위선을 배워

야 한다고!

나는 더 이상 자라고 싶지 않았다. 더 이상 아이의 순수함을 간직할 수 없다면 우리의 청춘도, 웃음도, 꿈과 자유도 모두 사라져버린다. 그 자리를 대신하는 것은 서로 경쟁하고 헐뜯는 추악한 모습뿐이다. 결국 우리 자신은 깜깜한 어둠 속에서 홀로 방황하거나 아무도 듣지 못하는 외침과 눈물 속에 서서히 사라지고 말 것이다.

나는 여학생의 얘기를 들으며 할 말을 잃었다. 아이는 뒤이어 자신이 바라본 세상에 대해 이야기했다. 학교와 사회 그리고 이 세상이 얼마나 이기적이고 타락했는지, 그것을 변화시키기에는 자신의 힘이 너무 미약하여 얼마나 무기력함을 느끼는지에 관해서 말이다.

여학생은 말을 마치고 가만히 나를 응시했다. 내게서 어떤 답을 기다리고 있는 듯했다. 나는 크게 숨을 한 번 들이켰다. 여학생이 한 말은 결코 틀린 얘기는 아니었다. 하지만 여학생은 아직 어린 학생일 뿐이고, 그 나이에 그렇게 많은 것을 감당하려는 태도는 바람직하지 않았다. 나는 나 역시 천웨이라는 인물을 굉장히 좋아하지만 그가 그리 쉽게 생을 마감한 것을 매우 안타깝게 생각한다고 말해주었다. 만약 천웨이가 그런 선택을 하지 않았다면 정말 훌륭한 어른으로 성장해 자신이 올바르다고 믿었던 일들을 꼭 실현시켰을 것이고 좀 더 넓은 인생 무대에서 지금보다 훨씬 더 다채로운 삶을 살 수 있었을 것이라고도 덧붙였다.

"좌절할 필요도, 너무 일찍 포기할 필요도 없어. 지금 할 수 없는 일이라고 해서 나중에도 할 수 없다는 의미는 아니야. 중요한 건 열정을 잃지 않는 것이지. 세상을 바꿀 수 없다면 먼저 사회를 바꾸고, 사회를 바꿀 수 없다면 주변 사람들을 바꾸려고 노력해봐. 그리고 주변 사람들을 바꿀 수 없다면 먼저 나 자신부터 바꾸려 노력하면 돼."

나는 마지막으로 이렇게 부탁했다.

"네가 생각하는 가장 즐거운 방식으로 살아봐. 지금 네 나이에 그것보다 중요한 일은 없어. 스스로 행복하고 그렇게 충분한 능력을 쌓을 때 이기적이고 타락한 세상을 변화시킬 수 있어."

여학생은 무표정한 얼굴로 말없이 듣고 있었다. 나는 여학생이 내 이야기를 제대로 알아들었는지 알 수 없었다. 그리고 아주 잠깐 어렴풋이 내 앞에 여학생이 아닌 소설 속의 천웨이가 앉아 있는 것 같은 착각이 들었다.

나는《위험한 영혼》에서 주인공 시에정제가 인터뷰 중에 천웨이의 자살 소식을 전해 듣고 오열하는 장면을 떠올렸다.

내가 왜 그렇게 울었는지 모르겠다. 마치 내가 조금 더 강인한 모습을 보여줬다면 노래를 부르던 그 소년이 그렇게 목숨을 끊지 않았을 것처럼 말이다.

여학생의 표정 때문인지, 무기력한 반응 때문인지 나는 말을 하면 할수록 더 다급해졌다. 차라리 침묵하는 편이 나았으리라는 생각이 들었지만 이미 배는 떠난 뒤였다.

그날 이후 나는 섣불리 너무 많은 말을 한 것은 아닌지 계속 생각했다. 깊은 반성 끝에, 그날 내 이야기를 한 것이 잘못이었다는 결론을 내렸다. 여학생이 생각하는 바가 무엇인지 조금 더 들어보고 무엇이 문제인지 알아보는 것이 더 옳았으리라.

얼마 후 여학생의 어머니로부터 편지를 받았다. 어머니는 먼저 감사 인사를 한 후 아이의 근황을 전했다. 아이는 나를 만나고 나서 조금씩 안정을 되찾고 공부도 예전처럼 열심히 한다고 했다.

편지를 읽는 동안 머릿속에서는 그날 여학생과 대화를 나누던 장면이 떠올랐다. 혹시 소설 속 인물에게 너무 빠져든 건 아닌지 걱정되었다. 괜한 걱정일 거라고 치부하다가도 이내 다시 걱정스러워졌다. 아마 여학생의 문제는 그렇게 단순하지만은 않을 것이다. 어쨌든 그 여학생이 긍정적인 방향으로 변하고 있다니 정말 다행이었다.

이듬해 여름, 그 여학생에게서 반가운 편지를 받았다. 여학생은 먼저 자신을 기억하느냐고 묻고는, 자신이 원하는 대학교에 합격했다는 소식을 전했다. 그리고 용기를 줘서 감사하다며 앞으로의 인생을 통해 자신이 그 어떤 제도와도 타협하지 않았고 꿈을 포기하지 않았음을 증명해 보이겠다고 했다.

그때 이후 꿈속에 종종 내 손을 꼭 잡아주던, 그 여학생의 어머니 손이 등장했다. 그 손은 1986년의 차갑게 식어가던 환자의 손과는 완전히 다른 느낌이었다. 손에서 전해지는 따듯한 온기는 오랫동안 무겁게 짊어지고 있던 짐을 덜어주는 것 같았다. 내 마음을 무겁게 했던 응어리와 모든 감정을 휩쓸어 요동치게 했던 마음속의 블랙홀이 서서히 사라지는 느낌이었다.

비록 모든 문제의 답을 찾아줄 수 없고, 내 능력에도 한계가 있지만 정말로 중요한 것은 문제를 해결하는 게 아니라 얼마나 관심을 기울이느냐다. 그 따듯했던 손과 여학생과의 만남을 통해 나는 깨달았다. 내가 열심히 노력한다면 아쉬움으로 남았던 일도 보완할 수 있는 날이 오고, 되돌리지 못할 것만 같은 일도 돌릴 기회가 생길지 모른다는 것을 말이다.

종종 SNS를 통해 좌담회에 참석했던 학생들의 질문을 받고 상황이 심각하다 생각되는 경우는 직접 만나 이야기를 나누기도 한다. 솔직히 말해 이렇게 하는 것이 그들의 문제를 해결하는 데 얼마나 도움이 될지는 모르겠다. 그러나 학생들을 하나둘 만나고 그들의 질문에 대답해줄수록 마음속에 'to answer, or not to answer'의 저울은 점점 'to answer'의 방향으로 기울어 간다.

5

이러한 여러 이유 때문에 나는 질문에 대한 '답'을 집필하기로 결심했다. 작가 오에 겐자부로(大江健三郎)의 수필집 《'나의 나무' 아래서('自分の木' の下で)》에는 '왜 아이들은 학교에 가지 않으면 안 되는가'라는 글이 있다. 이 글에서 작가는 어린 시절 고열에 시달리던 중 우연히 의사와 어머니의 대화를 듣게 되는 장면을 묘사한다.

> 나는 의사가 어머니에게 이 아이가 곧 죽을 거라고 말하는 것을 들었다. 의사는 내가 살 가능성이 없다고 생각한 것이다. 어머니는 잠시 침묵하더니 내게 말했다.
> "네가 설령 죽게 된다 하더라도 다시 너를 내 아들로 낳을 테니 걱정하지 말거라."

"그 아이는 이제 곧 죽게 될 저와는 다른 아이인 거죠?"

"아니야. 똑같은 아이란다. 너를 새롭게 낳아서 지금의 네게 보여줬던 것을 보여주고, 네게 들려주고 읽어줬던 이야기 모두 새로운 네게도 들려줄 거란다. 그리고 새로운 네게 지금의 네가 할 수 있는 말들을 가르칠 거야. 그러니 너희 둘은 완전히 똑같은 아이가 되는 셈이지."

나는 이 책을 쓰면서 오에 겐자부로의 동화 같으면서도 실제 있었던 이 이야기를 다시 읽게 되었다. 그러면서 우리가 인생을 살면서 각자 경험하는 바는 다르지만 누구나 겪게 되는 어려움에는 본질적으로 유사한 점이 많다는 것을 깨달았다.

어떤 사람들에게는 아무것도 아닌 문제가 또 어떤 사람들에게는 인생을 송두리째 뒤흔들 만큼 큰 어려움이기도 하다. 마찬가지로 대부분의 문제를 아무것도 아닌 것처럼 이겨내는 사람이 아주 사소한 문제 때문에 인생의 크나큰 난관에 봉착하기도 한다.

어떤 의미에서 보면 우리는 모두 배우기 위해 이 세상에 났다. 우리 앞에 놓인 고난과 좌절은 어쩌면 우리가 아직 어떻게 대응해야 할지 배우지 못한 데서 비롯된 것들 아닐까? 인생은 이처럼 각자 다른 모습이지만 공평하게 배움의 기회를 준다. 만약 인생에서 고통과 시련이 계속 반복된다면 그것은 아직 극복하는 법을 완전히 배우지 못했기 때문일 것이다.

이 책을 쓰면서 얻은 가장 큰 수확이라면 바로 이러한 깨달음을 얻은 것이다. 이 책에 수록된 질문과 답안은 정답이라기보다는 지금까지 살면서 배운 것들을 다시 한 번 점검해본 것이라고 할 수 있겠다. 즉, 비록 타인의 질문에 답해준 것이지만 내가 어떻게 성장해왔는지를 돌아보는 시간이기도 했다. 그리고 질문을 던진 이들과 함께 고민하며 나 역시 많은 위로를 받았다. 여학생의 어머니가 따듯하게 손을 잡아주었던 것처럼 말이다.

나는 모든 질문에 답해줄 수 없다. 게다가 설령 내가 아는 선에서 한 대답이 문제를 해결하는 가장 좋은 방법이 아닐 수도 있다. 그러나 나를 신뢰하고 내게서 어떤 답을 기대하고 있는 독자들에게 조금이나마 가능성을 보여주고 도움을 줄 수 있다면, 작가로서 굉장히 행복할 것이다.

그러기에 나는 부족하지만 앞으로도 계속 독자들과 만날 것이고, 그들의 질문에 귀 기울일 것이며, 내가 할 수 있는 최선을 다해 질문에 답할 것이다.

Contents

Chapter 4

기분이 우울할 때는 어떻게 해야 할까?

Chapter 5

긴장이 될 때는 어떻게 해야 할까?

Chapter 6

새로운 인생을 살고 싶다면

Chapter 7

문학 서적을 읽는 것이 고리타분한 일일까?

Chapter 8

어쩌면 나 자신을 잘 모르기 때문일지도

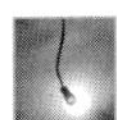

Chapter 9

사물의 본질로 돌아가다

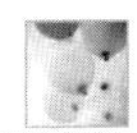

Chapter 10

우리는 모두 '문턱값' 3의 사람들이다

Chapter 1

나는 정말로 돈을 사랑하는 것일까?

도대체
무엇이 고민일까?

친구 아들 녀석이 고등학교를 졸업하고 원하는 대학교에 지원했다가 떨어져 재수를 결심했다. 아이는 집에서 1년 동안 열심히 공부해 한 대학교의 생명공학과에 합격했다. 하지만 더 좋은 성적을 받을 수 있었다며 가족들과 상의하고는 학교를 다니면서 다시 한 번 시험을 준비하기로 결정했다.

시험공부에 집중할 환경을 마련해주기 위해 친구는 주말에 아들이 우리 집에서 공부를 좀 할 수 있게 해달라 부탁했다. 나는 흔쾌히 승낙했다. 그렇게 해서 나는 그 아이를 주말마다 만났다.

아이는 굉장히 예의가 발랐는데, 집에 올 때마다 공손히 인사를 하고 조용히 방으로 들어가 공부를 했다. 나는 종종 글을 쓰다가 서재에서 나와 아이의 방문을 두드리고 물이나 과일 등을 권했다. 하지만 아이는 언제나 조용히 고개를 가로저었다. 자신이 가져온 물병을 들어 보여주면서 말이다. 아이는 매번 밤늦게까지 공부하고 갔다. 집에 돌아가기 전에는 늘 내 서재로 와서 감사하다고 인사하는 것도 잊지 않았다.

몇 달이 지난 어느 날, 집으로 돌아가기 전에 아이가 내게 말했다.

"다음 주에는 잠시 쉴까 해요. 생각할 것이 좀 있어서요."

"무슨 일 있니?"

"지금처럼 일주일에 하루 시험 준비를 하는 것만으로는 가고 싶은 과에 합격하기 어려울 것 같아서 고민이에요."

"어딜 가고 싶니?"

"치과대학에 가고 싶어요. 물론 일반 의과대학도 좋아요."

"그렇다면 하루 더 시간을 내서 공부하는 건 어떨까? 여긴 네가 오고 싶을 때 언제든 와도 된단다."

"하지만 과연 그렇게 한다고 효과가 있을까요?"

잠시 후 아이가 다시 말했다.

"생각 좀 해볼게요."

나는 더 이상 아무 말도 하지 않았다.

2주 후, 아이가 다시 우리 집에 찾아왔다.

"그래, 생각은 좀 정리되었니?"

"생각해보니 저는 이미 절박함이 사라진 것 같아요."

"그렇구나. 그러면 시험을 포기할 생각이니?"

아이가 고개를 가로저었다.

"그래도 지금까지 해왔던 것처럼 일주일에 한 번 여기서 공부를 할까 해요."

나는 이해가 되지 않아 다시 물었다.

"하지만…… 지금처럼 일주일에 하루만 공부를 하면 원하는 곳에 합격하기 힘들 거라고 하지 않았었니?"

아이는 대답이 없었다.

"어차피 합격하기 힘들 거라면 무엇 때문에 공부를 계속하겠다는 거니? 그럴 바에는 시험을 포기하고 대학 새내기생활을 더 즐기는 게 좋을 듯한데?"

"그렇지만 정말로 의대에 합격할 수 있을지도 모르잖아요. 의대에 가면 나중에 돈을 많이 벌 수도 있고요……."

"혹시 의대에 가려는 이유가 돈을 많이 벌기 위해서니?"

"네."

"돈을 많이 버는 게 중요하다고 생각하는구나?"

아이가 고개를 끄덕였다.

"기왕에 그렇다면 돈을 아주 많이 벌 수 있다는 점을 동기 삼아 조금 더 노력해보는 건 어떨까?"

"하지만 지금으로서는 일주일에 하루 공부하는 것이 최선이에요. 하루 더 시간을 내서 공부할 자신은 없어요. 시도는 해봤지만 아무리 책상 앞에 오래 앉아 있어도 집중할 수가 없었어요."

아이의 이야기를 듣고 있자니 아무리 머리를 굴려도 해결 방법이 없어 보였다. 잠시 침묵이 흘렀다. 나는 화제를 전환해보기로 했다.

"지금 다니고 있는 과는 마음에 드니?"

"네. 그런 편이에요."

아이는 입학 당시에 다른 국립대학교의 컴퓨터 관련 학과에도 합격했지만 생명공학과를 선택했다.

"지금 다니는 곳도 싫지 않다면 시험은 그냥 포기하는 게 낫겠구나. 신입생 시절은 단 한 번밖에 없는 아주 소중한 시간이란다. 그리고 혹시 아니? 열심히 공부하고 연구하다 보면 의대를 나온 것보다 더 많은 돈을 벌 수 있을지도……."

"틀린 말씀은 아니에요. 그렇지만 보통 의사들이 돈을 더 많이 벌잖아요?"

아이는 잠시 머뭇거리더니 다시 말했다.

"그냥 이렇게 시험을 포기하면 안 될 것 같아요."

"일주일에 하루 공부하는 것만으로는 합격하기 힘들 거라고 생각하면서도 계속하겠다는 이유가 대체 뭐니?"

"그냥 포기하기에는 면목이 없어서요."

"누구한테 면목이 없다는 거니?"

"잘 모르겠어요. 아마도 저희 아버지겠죠?"

"하지만 네 아버지는 어떤 선택을 하든 너를 응원해준다고 했단다. 그러니 아버지를 위해서 그럴 필요는 없어."

아이는 한참을 생각하더니 다시 말했다.

"어쩌면 제 자신에게 면목이 없어서 그런 것 같기도 해요."

"네가 말하는 자신이라는 건 누구니? 돈을 아주 많이 벌고 싶은 네 자신이니, 아니면 의대에 들어가고 싶지만 공부는 하고 싶지 않은 네 자신이니?"

"저도 잘 모르겠어요."

아이는 깊은 고민에 빠진 듯 내 질문에 제대로 대답하지 않았다.

"혹시 이런 식으로 공부하는 것이 어떤 결과를 가져올지 생각해본 적은 없니? 단 한 번밖에 없는 소중한 신입생 시절을 제대로 즐기지도 못할뿐더러 원하는 곳에 합격하지 못할 수도 있단다."

내가 다시 물었다.

"정말 그렇게 된다면 장래에 네 자신에게 면목이 서겠니?"

다시 침묵이 이어졌다. 나는 아이를 보다가 문득 이렇게 물었다.

"너는 돈을 정말로 사랑하는 게 아닌 거지?"

"네?"

"만약 네가 누군가를 진심으로 사랑한다면 말이야. 그 사람과 함께 있기 위해서라면 아무리 많은 시간이 걸리더라도 혹은 아무리 많은 대가를 치러야 하더라도 기꺼이 그렇게 할 거야. 그렇지?"

아이가 고개를 끄덕였다.

"마찬가지야. 네가 돈을 정말로 사랑한다면 의대에 가기 위해 일주일에 하루 더 공부하는 게 그토록 힘든 일일까? 모순이라고 생각하지 않니?"

아이가 잠시 후 대답했다.

"모순이라는 거 알아요. 그렇지만 저는 원래 모순된 사람이에요. 다른 방법이 없는 것 같아요."

우리의 대화는 여기에서 끝이 났다.

몇 주 뒤, 아이가 찾아와 앞으로는 주말에 학교 도서관에서 시험공부를 하겠다고 했다. 나는 그 후 아이가 어떤 결정을 했는지 물을 기회가 없었다. 그러나 결론 없이 끝난 우리의 대화는 이후로도 종종 머릿속에 떠올랐다.

과연 "저는 원래 모순된 사람이에요"라는 말 한마디로 모든 설명을 대신할 수 있는 걸까?

내재적 가치
vs.
외재적 가치

시간이 흘러 그 일을 완전히 잊어갈 때 즈음, 어느 날 친구로부터 재밌는 이야기 하나를 듣게 되었다.

다섯 살 아이에게 물었다.

"앞으로 어떤 학교에 가고 싶니?"

"건국고등학교(타이베이에 위치한 명문 고등학교)요."

아이에게 다시 물었다.

"건국고등학교를 졸업하면 어디에 가고 싶니?"

"타이베이대학교 의대에 들어가고 싶어요."

아이에게 또다시 질문했다.

"타이베이대학교 의대를 졸업하고 나면 무엇을 할 거니?"

아이가 잠시 생각하더니 이내 대답했다.

"택시 운전을 하고 싶어요."

이 이야기를 듣자마자 나는 웃음을 터뜨렸다. 그런데 가만 생각해보니 마냥 웃기기만 한 이야기는 아니었다. 아이의 이야기를 살펴보면 무엇이 아이 스스로의 생각이고, 무엇이 다른 사람들이 심어준 생각인지 구분하기란 어렵지 않았다. 만약 아이에게 명문 고등학교와 의과대학까지 나와서 택시 운전을 한다는 건 모순이 아니냐고 묻는다면 어떤 반응을 보일까? 아마도 아이는 모순이라는 단어가 무슨 의미인지조차 모를 것이다.

일반적으로 스스로의 생각이든 다른 사람들이 심어준 생각이든, 오랜 시간이 흐르다 보면 서로 뒤섞여 나의 내재적 가치가 된다. 이런 상황에서 두 가지 서로 다른 가치의 충돌이 일어날 경우 자연스럽게 모순이 발생하는 것이다.

나는 친구 아들의 모순된 생각과 택시 운전을 하고 싶다던 다섯 살 아이의 이야기를 큰아들에게 들려줬다. 이야기를 듣고는 아들이 내게 물었다.

"아버지 어릴 적에 '나의 장래 희망'이라는 글을 쓰면서 의사가 되고 싶다고 했죠? 그럼 의사가 되고 싶다는 것은 아버지 스스로의 생각이었어요? 아니면 다른 사람들이 심어준 생각이었어요?"

아들의 질문에 곰곰이 생각하다 보니, 어린 시절 감기에 걸렸을 때마다 마주하던 소아청소년과의 의사 선생님이 떠올랐다. 제법 큰 체격이었던 그 선생님은 늘 커다란 진료 의자에 앉아 다소 거만한 표정을 짓고 있었다. 진료를 받고 오는 날이면 부모님은 늘 그 선생님이 얼마나 대단한 사람인지를 입이 닳도록 얘기했다. 부인은 얼마나 예쁜지, 사람들에게 얼마나 존경을 많이 받는지, 마을에 진료를 한 번 올 때마다 돈을 얼마나 많이 버는지, 집은 또 얼마나 큰지 등등을 말이다.

고등학교 때의 기억도 떠올랐다. 중간고사 성적이 나오던 날이었는데 나는 다섯 과목 모두 100점을 받아 반에서 1등을 했다. 그때 선생님이 말했다.

"이렇게 성적이 좋으니 나중에 의대에 들어가는 건 어렵지 않겠어."

어쩌면 이러한 외부의 기대 혹은 암시 때문에 나의 장래 희망이 의사로 정해졌는지도 모른다. 나는 그런 분위기에서 성장하며 교육을 받았고 주변의 바람대로 의과대학에 합격했다. 그리고 의사가 되어 흰색 가운을 입었다. 또 그리고 몇 년 후, 나는 주치의가 되었고 통증의학과의 특성상 주로 암 병동에서 일했다.

처음 암 병동에서 일하기 시작했을 때는 환자들이 흘리는 갑작스러운 눈물 때문에 마음고생을 많이 했다. 의사로서 내가 해줄 수 있는 일은 고통을 조금이나마 덜어주는 것, 그리고 웃으면서 "오늘 안색이 좋아 보이시네요" 또는 "더 좋아지실 거예요" 같은 선의의 거짓말을 하는 것, 그러고는 도망치듯 병실을 나오는 것뿐이었다. 이러한 허탈감과 죄책감은 서서히 마음속에 쌓여 더 이상 도망칠 수 없는 지경에 이르렀다.

그러던 어느 날, 말기 암 환자가 내 앞에서 울음을 터뜨렸다. 나는 여느 때처럼 상투적인 말로 그를 위로하고 재빨리 병실을 빠져나왔다. 그런데 퍼뜩 이런 생각이 들었다.

'언제까지 이런 식으로 도망만 칠 수는 없어!'

그 순간 한 가지 결심을 했다. 최소한 환자가 눈물을 그칠 때까지는 병실을 떠나지 않기로 말이다. 나는 화장지를 몇 장 뽑아 환자에게 건네고 의자를 가져와 그 앞에 조용히 앉아 있었다. 환자는 슬픔에 빠져 영 울음을 그치지 않았다. 그 10여 분 동안 나는 병실을 떠나고 싶은 충동을 여러 번 억눌렀다. 예전 같았으면 몇 마디 선의의 거짓말로 위로하고 병실을 떠났을 테지만 그날은 무슨 일이 있어도 환자가 울음을 그칠 때까지 앉아 있겠노라 다짐했기에!

그때 한 수녀가 병실로 들어와 나와 환자를 향해 인사하고는 의자를 가져와 조용히 앉았다. 그러고는 두 손을 모아 환자를 위해 기도하기 시작했다. 흐느끼고 있는 환자와 기도하는 수녀, 그리고 마지못해 자리를 지키고 있는 의사라니! 조금 희한한 광경이었다.

문득 어린 시절 나를 진료해주던 의사 선생님의 표정과 그의 아름다웠던 아내, 진료실의 모습 그리고 반에서 1등을 했을 때 선생님이 내게 했던 말이 머릿속을 스쳤다. 결국 내가 장래 희망으로 의사를 선택한 이유는 부와 명예 등과 같은 외재적 가치 때문이었던 것이다. 나는 환자를 치료해줌으로써 이러한 가치를 얻었다. 하지만 의사가 환자를 치료할 수 없을 때는 어떻게 해야 할지가 문제였다. 절망에 빠져 있는 환자들을 매일 마주하면서 어떻게 두 발 뻗고 그 모든 것을 누릴 수 있을까?

내 앞에 앉은 수녀는 침묵 속에서 정성을 다해 기도하고 있었다. 나는 그 침착한 모습에서 나보다 훨씬 강한 힘을 느꼈다. 사실, 수녀에게는 병세를 호전시킬 의술이 있는 것도 아니고, 기도를 해줌으로써 어떤 보수를 받는 것도 아니었다. 그런데 그 강한 에너지는 어디에서 나오는 것이란 말인가?

이런 생각을 하다 보니 내가 지금까지 의사라는 신분으로 일하면서 중시했던 가치들이 무엇이었는지를 깨닫게 되었다. 그러자 갑자기 모든 것이 혼란스러워지기 시작했다. 엄숙한 분위기 때문이었는지, 나 자신에 대한 실망과 슬픔 때문이었는지 어느덧 내 눈에도 눈물이 고였다.

나는 수녀에게 건네받은 화장지로 눈물을 훔쳤다. 눈물을 닦으며 나는 다시 한 번 깨달았다. 내가 의사가 된 동기는 순전히 외재적 가치, 즉 부와 명예 때문이었음을! 내 관심은 오로지 환자를 치료할 수 있느냐 없느냐에 있었다. 그러나 수녀가 하는 기도의 동기는 온전히 신앙이라는 내재적 가치에서 비롯되었고, 관심의 대상 역시 환자 그 자체였다. 그렇기에 말기 암 환자는, 수녀에게는 기도가 필요한 존재였고 내게는 도망치고 싶은 존재였던 것이다.

다시 말하면 무엇에 관심을 두느냐에 따라 우리 능력의 범위가 정해진다. 나는 처음으로, 어떤 일에 종사할 때 '내재적 가치'가 결핍되어 있으면 언젠가 한계가 드러난다는 사실을 뼈저리게 깨달았다.

대학교에 입학하던 그해, 나는 의과대학에 지원하면서 의사라는 직업의 내재적 가치에 대해 별달리 고민하지 않았던 친구의 아들과 똑같았던 것이다. 내가 고려한 것은 단순히 그 일을 통해 무엇(what)을 얻을 수 있는지, 혹은 어떻게(how) 그 직업을 얻는지 등이었다. 내가 왜(why) 그 일을 해야 하는지, 내가 왜(why) 그 일을 좋아하는지, 왜(why) 그 일이 내게 의미 있는지는 거의 생각해보지 않았던 것 같다. 어떤 일에 종사할 때 이런 고민을 하지 않는다면 그 일을 통해 진정한 만족감을 얻을 수 없을뿐더러 일을 오래 지속할 수 없다. 이것이 그날 내가 병실에 앉아 있는 동안 얻은 깨달음이다.

한 시간쯤 지나서야 환자는 울음을 그쳤다. 나는 환자를 가만히 다독여주고는 용기를 북돋는 말을 몇 마디 건넸다. 수녀는 병실을 떠나기 전 내게 허리를 굽혀 인사했고 나 역시 예를 갖춰 인사했다. 내게 커다란 깨달음을 준 것에 대한 감사의 인사였다.

나는 수녀가 복도 저 끄트머리에서 사라질 때까지 오래도록 그 모습을 지켜봤다.

내재적 가치란
콘서트를 보거나
친구와 축구를 하는 것이다

"아버지 말씀을 들으면서 이해가 잘 안 되는 부분이 있어요."

아들이 물었다.

"어떤 일을 할 때 그 일을 하는 동기가 '내재적 가치'에서 비롯한 것인지, '외재적 가치'에서 비롯한 것인지 어떻게 구분할 수 있죠?"

"구분하는 건 생각보다 쉽단다. 반드시 해야 하는 이유도 없고, 정당한 대가를 받을 수도 없는 일이지만 기꺼이 네 시간과 돈을 들여서라도 하고 싶은 마음이 든다면, 그건 너의 내재적 가치에서 비롯한 동기라고 볼 수 있지."

"좋아하는 가수의 콘서트를 보러 가거나 혹은 친구와 축구를 하는 것처럼 말이죠?"

"그렇지. 콘서트를 보러 가고, 친구와 축구하는 것은 꼭 해야 할 이유가 없는데 왜 하고 싶은 마음이 드는 걸까?"

"그야 제가 좋아하는 일이니까요."

나는 고개를 끄덕였다.

"내재적 가치를 알아내는 것은 이처럼 쉽단다. 오직 나만이 할 수 있는 일이기도 해. 그렇지? 반대로 어떤 일을 하는 목적이 돈이나 명예, 권력 같은 보상 때문이거나 부모님, 선생님의 기대에 부응하기 위해서라면 이러한 동기는 외재적 가치라고 볼 수 있어."

아들이 말했다.

"이해할 수 없는 것이 또 하나 있어요. 만약 내재적 가치가 그렇게 중요한 것이라면 왜 대부분의 부모님과 선생님은 자신의 아이 혹은 학생에게 외재적 가치를 강조하는 것일까요? 그건 잘못 아닌가요?"

"나는, 대부분의 부모님과 선생님은 아이가 잘되었으면 하는 선한 바람에서 충고를 해주는 거라고 생각해. 우리는 그 충고를 경청하고 참고할 필요가 있지. 하지만 사람은 각자 다른 경험을 해왔고, 각기 다른 사고방식을 갖고 있기 때문에 추구하는 가치관도 서로 다르지. 그래서 외재적 가치를 중요하게 생각하는 사람이 많은 것은 사실이지만 내재적 가치를 중요하게 생각하는 사람도 꽤 있단다. 그러면 우리는 누구의 말을 들어야 할까? 나의 부모님, 선생님이 추구하는 가치를 그대로 따라야 할까? 아니면 통계적으로 다수의 사람이 추구하는 가치를 따라야 할까?"

아들은 웃으며 고개를 가로저었다.

"어떤 선택을 하든 결과를 감당해야 할 사람은 바로 나 자신이지. 어느 누구도 내 인생을 책임져줄 수 없어, 그렇지? 그러니까 누가 뭐라고 하든 최종적인 결정은 내가 하는 것이 맞겠지?"

"아버지 말씀이 맞아요. 하지만 외재적 가치의 유혹을 이겨내는 것은 참 어려워요. 사람이라면 누구나 돈을 많이 벌고 싶고, 사람들로부터 존경도 받고 싶어 하지 않겠어요?"

"네 말도 맞는 것 같구나."

나는 잠시 고민하다가 말했다.

"방금 전 병원 이야기가 아직 끝난 게 아닌데 계속 들어보겠니?"

"그럼요."

나는 그날 이후 시간이 허락하는 한 말기 암 환자들과 최대한 많은 시간을 보내려고 노력했다. 당시 내 사무실에는 작은 칠판이 있었는데 그곳에 내가 맡고 있는 환자들의 이름을 모두 써놓았다. 보통 간호사실에 있는 칠판에서 이름이 지워지면 환자가 퇴원했다는 의미지만 내 칠판의 경우는 달랐다. 내 칠판에서 이름이 지워진다는 것은 그 환자가 세상을 떠났다는 의미였다.

매주 내 칠판에서는 환자 한두 명의 이름이 지워졌다. 분명 며칠 전까지만 해도 나와 인생의 희로애락을 논하던 사람들이 더 이상 이 세상에 없다고 생각하면 기분이 정말 이상하다. 그렇게 나는 5년이라는 시간 동안 500명가량의 말기 암 환자를 떠나보냈다.

그런 일이 있기 전 내 생각은 대부분의 사람과 크게 다르지 않았다. 나는 인생이란 끊임없는 경쟁을 통해 선두로 나아가는 과정이라고 생각했다. 선두로 나아가 부와 명예를 얻으면 행복해질 수 있다고 여겼다. 그러나 임종을 앞둔 환자들의 이야기는 내게 큰 충격을 주었다. 비록 개개인이 살아온 인생 이야기는 서로 달랐지만 생명의 종착점에서 선 그들에게 우리가 매일같이 손에 넣으려고 애쓰는 부와 명예, 권력 같은 외재적 가치들은 전혀 중요한 대상이 아니었다. 그들 중에 자신의 인생을 돌아보며 돈을 더 많이 벌지 못했다거나 더 많은 명예를 얻지 못했다고 후회하는 이들은 아무도 없었다.

"인생에서 가장 중요한 것이 무엇이라고 생각하세요?"

당시 나는 환자들에게 이런 질문을 하곤 했다. 그러면 대부분이 가장 중요한 것으로 내재적 가치에 해당하는 것들을 꼽았다.

병실 안과 병실 밖 세상의 물리적 거리는 그리 멀지 않다. 그러나 병실 안의 그들이 인생의 종착점에 이르러 중요하다고 느끼는 가치들은 병실 밖의 우리가 매일같이 추구하는 가치관과는 정반대의 것들이었다.

500여 명의 환자가 내게 준 충격은 말로 형용할 수 없이 크다. 처음에 나는 그것이 어쩌면 환자 일부만의 생각일 수도 있다고 여겼다. 하지만 그들과 이야기하는 횟수와 시간이 늘어날수록 우리의 생명에 대한 전제 자체가 잘못되었다는 사실을 깨달았다.

사실, 500여 명의 말기 암 환자가 이미 경험한 죽음은 누구도 피해갈 수 없다. 그러나 우리는 대부분의 시간을 생명이 영원하리라는 가설 속에서 살고 있다. 그래서 인생이 마치 커다란 창고라도 되듯 경쟁을 통해 끊임없이 재물과 명예를 차곡차곡 쌓아가는 데 열중한다. 마치 그것들을 영원히 소유할 수 있을 것처럼 말이다.

사실, 사람이 이 세상에서 온전하게 소유할 수 있는 것은 시간밖에 없다. 우리에게 주어진 생명은 시간이 1분 1초 지날 때마다 조금씩 줄어든다. 그러니 내가 좋아하는 방식대로 하루하루 충실히 살아가도 모자란 판에 온전히 내 것도 아닌 것들을 모으기 위해 애쓰는 게 무슨 의미란 말인가?

'인생에서 가장 중요한 것이 무엇이냐?'는 질문에 대부분의 환자는 '관계'라고 대답했다. 환자들이 임종을 앞두고 가장 많이 후회하는 일이 바로 건강할 때 부모, 배우자, 자녀, 친구 등 자신이 아끼는 사람들과 좋은 관계를 유지하지 못한 것이었다. 환자 대부분은 죽기 전에 관계가 멀어졌던 이들과 화해하고 마지막 인사를 나누기를 원했다.

환자들이 '관계' 다음으로 강조하는 것은 바로 '의미'였다. 그들은 자신이 살아온 일생을 되돌아보며 과연 나는 다른 사람에게 어떤 도움을 줬으며, 세상에 어떤 공헌을 했는지를 돌아봤다. 그러면서 대부분 자신이 너무 많은 시간을 낭비했다고 후회했다.

나는 암 병동 밖의 현실 세계와 마주할 때마다 큰 충격에 빠졌다. 그동안 우리는 부와 명예를 얻기 위해 사랑하는 사람들과 함께 보내는 시간을 얼마나 많이 포기했던가? 자신의 존엄과 자존심을 지키기 위해 얼마나 많은 이에게 상처를 줬던가? 또 나의 이익을 위해 경쟁이라는 수단으로 얼마나 많은 사람의 이익을 가로챘던가?

병원을 나온 이후에도 나는 내재적 가치와 외재적 가치가 충돌하는 일이 생기면 500여 명의 말기 암 환자들과 보냈던 그때 그 시간을 떠올리며 내가 정말로 원하는 것을 선택하려고 노력한다.

생명은
목적을 달성하려는 수단이 아닌,
목적 그 자체여야 한다

"이건 내가 환자들에게서 배운 가장 값진 교훈이란다."

내가 말했다.

"네가 앞으로 어떤 사람이 되느냐는 어떤 가치를 추구하느냐에 달린 셈이지."

아들은 고개를 끄덕이며 잠시 침묵하더니 이내 다시 물었다.

"먼저 어느 정도 부와 명예를 쌓은 다음 기반이 튼튼해졌을 때 내재적 가치를 추구하는 방법은 어떤가요?"

"만약 네가 내재적 가치에서 비롯한 일을 한다면 얼마나 노력하느냐에 따라 충분한 부와 명예도 누릴 수 있을 거야. 하지만 그렇지 않고 부와 명예를 좇겠다는 생각으로 어떤 일을 시작한다면 내재적 가치와는 점점 멀어질 뿐이지."

"그런가요?"

"이 세상에 성공한 작가, 예술가, 정치가, 사업가, 과학자, 건축가 등은 모두 자신의 내재적 가치에 따라 그 일을 시작했고 성공을 거둔 거란다. 한 분야에서 두각을 드러내면 부와 명예는 자연스레 따라오게 돼 있어. 그렇지만 주의해야 할 점은 처음부터 부와 명예를 얻을 생각만 한다면 그 분야에서 성공을 거두기는 힘들 거야. 내 말이 무슨 뜻인지 이해되니?"

"네. 그러니까…… 부, 명예, 권세 같은 외재적 가치를 추구하는 것은 잘못되었다는 말씀이죠?"

"그러한 가치관이 나쁘다고 말하려는 것은 아니야. 하지만 중요한 것은 네가 그런 가치를 '목적'으로 보느냐 '수단'으로 보느냐 하는 점이야."

"목적과 수단의 차이는 뭔가요?"

"네가 부, 명예, 권세 같은 외재적 가치를 추구하는 것을 목적으로 한다면 네 인생은 그러한 목적을 위해 존재하는 수단이 될 뿐이란다. 네 인생의 주인이 네가 아닌 셈이 되는 거지. 그렇지?"

아들이 잠시 생각하더니 대답했다.

"그런 것 같아요."

"반대로 만약 네 인생에 그보다 더 중요한 내재적 가치와 이상이 있을 때 부, 명예, 권세는 너의 이상을 실현시키기 위한 수단이 되는 거야. 이런 경우 그러한 외재적 가치를 소유하는 것이 아주 좋은 일이 되는 거지. 이해하겠니?"

아들이 고개를 끄덕였다.

"그래서 독일의 철학자 칸트는 이런 말을 했지. '생명은 목적을 달성하려는 수단이 아닌, 목적 그 자체여야 한다'고 말이야."

아들이 종이와 펜을 꺼냈다.

"다시 한 번 말씀해주시겠어요?"

나는 칸트의 명언을 다시 한 번 이야기해줬다. 아들이 고개를 숙이고 그 말을 받아 적는 모습을 보며 친구 아들이 생각났다. 그리고 그 아이에게도 언젠가 이 이야기를 해줘야겠다고 생각했다.

Chapter 2

취미를 직업으로 삼아도 될까?

언젠가 좌담회에서 한 독자가 이런 질문을 했다.

"취미는 자연스럽게 만들어지는 것일까요, 아니면 노력해서 만들어야 하는 것일까요? 제가 어떤 일에 흥미를 느끼는지 어떻게 알 수 있죠? 그리고 취미를 직업으로 삼아도 괜찮은지 어떻게 판단할 수 있나요? 작가님처럼 말이에요."

글쓰기는 원래 내 취미생활이었다. 그러나 나의 글쓰기 재능은 그저 학교 작문 시간에 쓴 글이 게시판에 붙거나 아동 잡지 등에 몇 번 실린 수준에 불과하다. 초등학교 시절 선생님께서는 내 글쓰기 실력을 칭찬하며 학교 대표로 지역 글쓰기 대회에도 나갈 수 있도록 추천해주었다. 하지만 선생님의 바람과는 달리 나는 그런 대회에서 한 번도 상을 타 온 적이 없었다.

그렇기에 의과대학 4학년 전까지 글쓰기라는 취미생활이 내 일생에서 가장 중요한 직업이 되리라고는 추호도 생각해본 적이 없다. 그런 내가 어떻게 글을 쓰는 직업을 갖게 되었는지 설명하자면 먼저 영화표 한 장에 얽힌 이야기부터 시작해야 할 것 같다.

인생이 서랍과 같다면

대학교 1학년 때 타이베이(台北)에서 처음으로 국제영화제가 열렸다. 당시 같은 과 친구 하나가 영화표를 여러 장 샀는데 다른 영화와 시간이 겹친다면서 내게 대신 보러 가겠냐고 물었다. 영화는 〈돈을 갖고 튀어라(Take Money and Run)〉였다. 나는 당연히 가벼운 코미디 영화일 거라 짐작하고 표를 받아 영화를 보러 갔다.

고등학교 때까지 내가 본 것이라고는 〈로마의 휴일(Roman Holiday)〉, 〈바람과 함께 사라지다(Gone With The Wind)〉 같은 할리우드 영화 몇 편이 전부였다. 그날 본 영화 〈돈을 갖고 튀어라〉는 우디 앨런(Woody Allen) 감독의 초기 작품으로, 이 작품에서 그는 출연하기까지 했다. 영화는 조소적이면서 인생에 대한 깊은 고찰을 담고 있었다. 나는 영화가 끝나고 흥분을 가라앉히기 위해 한참을 영화관에 그대로 앉아 있었다. 지금껏 그토록 풍부하고 인상 깊은 표현력을 드러낸 영화를 본 적이 없었다.

그날 이후 나는 우디 앨런이 감독한 모든 영화를 찾아봤다. 그런 다음 당대 일류 영화감독들의 작품을 하나씩 섭렵해 나아갔다. 이들 영화는 내게 그동안 접하지 못한 완전히 새로운 세계를 열어줬고, 나는 점점 전형적인 영화광으로 변해갔다. 당시 휴일만 되면 하루 종일 영화관에서 살았을 정도였다.

학과 시험은 약간의 잔머리와 벼락치기로 겨우겨우 통과했다. 하지만 2학년 2학기가 되고 기초의학 과정에 들어가자 학업 부담이 늘어났다. 나는 여전히 영화의 세계에 빠져 헤어나지 못하고 있었는데 중간고사 성적표에서 합격선을 아슬아슬하게 통과한 점수들을 보면서 상황의 심각성을 깨달았다.

한때 함께 영화를 보러 다녔지만 어느 시점부터 영화를 '끊은' 같은 과 선배가 말했다.

"충고하는데 영화를 그만 보는 게 좋을 거야. 지금은 학업에 전념해야 할 때야. 일단 한 과목이라도 시험에 통과하지 못하면 재수강을 해야 하잖아. 그러면 안 그래도 한 학기에 들어야 할 과목이 많은데 학업 부담이 점점 더 늘어나게 돼. 나처럼 나중에 후회하지 말고 잘 생각해라."

선배의 진심 어린 충고는 매우 옳았다. 나는 의사라는 현실 세계와 영화라는 상상의 세계를 오가며 고민에 빠졌다. 그런데 설상가상으로 그즈음 사귀던 여자 친구에게 차여 한동안 우울한 시간을 보냈고, 재미없는 기초의학 강의에 도저히 집중할 수가 없었다. 나는 자연스레 책을 멀리하고 영화를 보러 다녔다. 스크린 안의 세계에 빠져들수록 스크린 밖의 세계는 점점 무료하고 의미 없게 느껴졌다. 급기야 공부에는 점점 더 집중하기가 힘들어졌고 공부가 잘되지 않으니 다시 영화를 보러 가는 악순환이 이어졌다.

나는 이 악순환을 끊어버리기 위해 나름대로 노력을 기울였다. 더 이상 영화를 보러 가지 않았고, 공부에 집중할 수 없을 때는 물건들을 정리했다. 그러던 어느 날 책상 서랍을 정리하다가 문득 이런 생각이 들었다.

'서랍에서 필요 없는 물건을 하나씩 끄집어낼 게 아니라 모든 물건을 다 꺼낸 다음 정말로 필요한 물건만 다시 집어넣는 편이 더 효율적이지 않을까?'

복잡했던 서랍을 정리하고 나니 그렇게 속이 시원할 수 없었다. 그리고 서랍을 정리할 때 필요한 것은 인내심이 아니라 한 번의 결심임을 깨달았다. 그 이후 나는 서랍을 정리했던 방법을 내 인생에 적용해보기로 했다. 만약 내 인생이 책상 서랍과 같다면 과연 그 안에 내게 정말로 필요한 것은 무엇이 있을까? 나는 종이를 꺼내 하나씩 적기 시작했다.

1. 식사, 수면
2. 공부, 시험

몇 글자 적지 않은 텅 빈 종이를 보면서 나는 그동안 살아온 인생을 돌아보기 시작했다. 그러다가 문득 20년 남짓의 인생이 고작 이 몇 글자로 정리된다고 생각하니 조금 서글퍼졌다.

'이런 식으로 계속 살아가면 과연 내 인생에 무엇이 남을까? 좋은 직업을 얻고, 좋은 차와 좋은 집을 사고…… 그다음에는 무엇이 있을까? 예쁜 여자 친구를 만나 화려한 결혼식을 올리고 아이도 얻겠지. 어쩌면 좋은 친구도 여럿 있을 테고……. 그런 다음은? 조용히 늙어갈 테고 언젠가 죽어서 관에 묻히고 장례를 치르겠지.'

운이 좋아서 이 모든 것을 누리더라도 이러한 인생 역시 지금의 텅텅 빈 종이와 무엇이 다르겠는가? 이런저런 생각을 하다가 텅 빈 여백을 조금이나마 채워볼 요량으로 몇 글자 더 적었다.

1. 식사, 수면

2. 공부, 시험

3. 영화

이렇게 해서 나는 다시 영화를 보기 시작했고 예전보다 더 열심히 봤다. 당시 밥 먹고 잠자는 일은 공부를 해서 시험을 잘 보기 위한 것이었고, 공부를 해서 시험을 잘 보는 일은 오로지 영화를 보기 위한 것이었다. 그리고 영화를 보는 일은 기분 좋게 밥을 먹고 잠을 자서 계속 공부를 하고 시험을 보기 위한 것이었다. 그러면 시간을 더 많이 아껴서 또 영화를 볼 수 있을 테니까.

나는 영화를 볼 때마다 그 작품의 기본 정보와 감상평을 수첩에 간략히 기록했다. 그렇게 영화에 빠져 지내면서 나는 대학교 4학년을 마쳤다. 물론 무사히 기초의학 시험을 모두 통과했다. 사실 이 시험은 의대생이라면 당연히 통과해야 하는 것으로, 그리 대단한 일이 아니었다. 하지만 내겐 실상 대단한 일이었다. 나는 우연히 수첩에 기록된 영화들을 들여다보다가 그 작품 수에 깜짝 놀라지 않을 수 없었다. 그동안 나는 1년에만 무려 300편 남짓의 영화를 봤던 것이다.

마음의 소리에 귀 기울여라

영화는 내게 새로운 세상을 열어주고, 사고방식을 풍부하게 해줬다. 이러한 경험이 없었다면 작가가 될 기반을 마련할 수도 없었을 것이다. 하지만 당시에는 영화를 본다는 것이 내게 어떤 의미인지 잘 몰랐다.

2008년, 작가 조앤 K. 롤링(Joan K. Rowling)은 하버드대학교 졸업식 축사에서 이렇게 말했다.

부모님은 제가 실용적인 학문을 공부하기를 바랐고, 저는 영문학을 공부하고 싶었어요. 결국 나중에 합의점을 찾았지만 그 합의점은 누구도 만족시킬 수 없는 것이었습니다. 모던 랭귀지

(Modern language, 일반적인 외국어의 통칭)를 배우는 것이었죠. 저는 부모님의 차가 교문을 빠져나가기도 전에 사무실로 가서 독일어 전공을 고전문학(Classics, 주로 고대 그리스와 고대 로마의 문학, 예술, 역사, 언어 등을 공부한다)으로 바꿨습니다. 제가 부모님께 고전문학을 공부한다는 사실을 깜박하고 알려드리지 않았기 때문에 아마 졸업식 날 처음 그 사실을 아셨을 겁니다. 부모님은 아마도 이 세상에서 그리스 신화만큼 쓸데없는 과목도 없다고 생각하셨을 거예요.

이 연설 영상을 본 한 지인이 내게 말했다.

"조앤 롤링이 대학교에서 고전문학을 전공하고 그리스 신화를 연구했기 때문에 해리포터 시리즈(Harry Potter Series) 같은 소설을 만들 수 있었어."

하지만 사람들에게 조앤 K. 롤링이 미래에 해리포터 시리즈를 쓰게 될 줄 알고 고전문학을 선택했다는 추론이 합리적이냐고 묻는다면 대부분 비합리적 추론이라고 대답할 것이다. 마찬가지로 내가 미래에 작가가 될 줄 알고 대학교 3, 4학년 때 영화를 400편 넘게 봤다는 추론이 합리적이냐고 묻는다면 대부분이 비합리적 추론이라고 답할 것이다.

반대로 사람들은 종종 이런 질문을 내게 한다.

"흥미를 느끼는 일이 생겼을 때 그 일이 앞으로 전망이 있을지(돈을 많이 벌 수 있는 일인지) 어떻게 알 수 있을까요?"

혹은 이렇게 묻는 사람도 있다.

"전망을 먼저 보고(돈을 많이 벌 수 있는지 알아보고) 시간과 돈을 투자해야 할까요?"

솔직히 나 또한 이들의 질문이 비합리적이라고 생각한다. 흥미를 느끼는 일과 그 일의 전망은 그 누구도 알 수가 없다.

내가 1년에 수백 편씩 영화를 볼 때는 장래에 작가라는 직업을 갖게 될지 전혀 예상하지 못했다. 더욱이 이러한 취미로 훗날 돈을 벌지 여부는 전혀 알지 못했다. 나만 몰랐던 것이 아니다. 조앤 K. 롤링도, 취미를 자기 직업으로 삼은 사람들도 마찬가지다.

사람들은 미래를 알 수 없기에 두려워하고 망설인다. 또 그렇기 때문에 전망 있는 일인지, 돈을 많이 벌 수 있는 일인지 등등의 현실적 문제에 더욱 집착하게 되는 것이다. 그러다 보니 마음속 깊은 곳에서 들려오는 소리에는 귀 기울이기 힘들다.

그런데 달리 생각해보면 만약 1년에 수백 편의 영화를 보지 않았다면 영화감독이 되고 싶다는 생각은 아예 하지도 않았을 것이다. 그리고 만약 그런 생각이 가족들의 반대에 부딪히지 않았다면 차선책으로 학교 신문에 작품을 싣거나 공모전에 참가

하는 일은 없었을 테고 작가가 되는 일도 없었을 것이다.

'영화를 그만 볼 것인가, 계속 볼 것인가?'

당시에는 이것이 앞으로의 인생을 논할 정도로 중요한 선택이 되리라고 생각하지 않았다. 하지만 아주 오랜 시간이 흐른 뒤 돌아보니, 그것은 단순히 영화를 보느냐 마느냐의 선택이 아니었다. 완전히 다른 두 가지 인생길 중 어느 쪽을 선택할 것인지에 관한 대단히 중요한 결정 사안이었다.

그러나 당시 그 상황에 처해 있는 사람은 이러한 사실을 알지 못한다. 나를 목적지까지 데리고 가는 것은 오직 마음속 깊은 곳에서 들려오는 소리뿐이다. 그러니 유일하게 의지하고 경청하며 신뢰해야 할 대상은 바로 마음이다. 이보다 더 중요한 것은 없다.

중요한 것은
나 자신에 대한 신뢰다

어느 좌담회에서 한 사람이 질문을 던졌다.

"만약 엄청난 시간과 돈을 투자했는데 훗날 그것을 통해 일자리도 못 구하고 돈도 못 번다면 너무 손해 아닌가요?"

야구에서 뜬공을 예로 들어보자. 타자가 뜬공을 쳤을 때 수비를 맡고 있는 외야수는 이 공을 어떻게 잡아야 할까? 기계적인 방법으로 접근한다면, 먼저 관련 변수(공과 방망이 사이의 작용, 반작용, 풍향, 마찰 계수 등등)를 계산하고 뜬공이 떨어질 위치와 시간을 정확히 예측하여 공을 잡을 수 있다. 기계적으로 생각한다면 너무나 쉬운 일이다. 하지만 이러한 방식을 사람이 응용하기란 결코 쉽지 않다. 왜 그런가? 타자가 공을 치는 순간이 모든 것을 계산할 수 있는 능력이 사람에게는 없기 때문이다. 설령 계산할 수 있다고 하더라도 사람의 계산 속도로는, 그러니까 뜬공이 땅에 떨어지기 전 그 지점을 정확히 예측하고 위치 이동을 하여 공을 받기란 불가능하다.

이런 맥락에서 자기 내면에 대한 이해도 없고 세상에 대한 인식도 없는 어린아이에게 명확한 '장래 희망(공이 떨어지는 지점)'을 예측하고 온 힘을 다해 달리라고 하는 것은, 타자가 공을 친 순간 외야수에게 공의 낙하지점을 예측해 정확한 시간에 그 곳으로 달려가 공을 잡으라는 것만큼이나 비합리적인 논리다. 그렇지 않은가? 그런데 어른들은 여전히 어린아이들에게 '나의 장래 희망' 같은 제목의 글을 쓰게 하면서 이것을 매우 합리적이라고 생각하는 듯하다.

그렇다면 외야수들은 어떤 방법으로 뜬공을 받는 것일까? 사실, 경험 많은 외야수가 공을 잡는 과정을 자세히 살펴보면 그 원리가 눈에 보인다. 타자가 공을 치는 순간 베테랑 외야수는 공의 소리, 공이 떠오르는 방향, 각도, 속도 등의 정보를 수집해 즉각 판단을 내리고 공을 향해 이동한다. 공이 최고점을 지나 낙하하기 시작할 때 외야수는 끊임없이 움직이며 떨어지는 공과의 거리를 좁혀나가다가 공이 떨어지기 직전에 낙하지점에 도착해 공을 잡는다.

외야수는 공이 떨어지는 지점을 정확히 계산할 수 없기 때문에 처음부터 자신의 직감과 판단에 의존할 수밖에 없다. 이는 우리가 마음의 소리에 귀 기울이고 그것을 따라 가는 것과 유사하다.

앞날이 어떻게 될지 모르지만 자신의 마음에 귀 기울인다면 비록 모호한 직감과 판단일지라도 그것에 의존해 열심히 노력(달리기)할 수 있다. 노력하는 과정에서 외부 환경에 따라 조금씩 방향을 조정하고 마음속에 원하는 바와 현실과의 거리를 줄여간다면(낙하지점에 근접해 나아간다면) 자신이 좋아하는 일이 미래가 촉망되는 혹은 돈을 아주 많이 벌 직업이 될 수 있다(공을 받을 수 있다).

물론 '그 일의 앞날이 어떻게 될지도 모르는데 시간과 노력을 쏟아부어도 될까요?' 혹은 '만약 엄청난 시간과 노력을 쏟아부었는데 실패하면 어떡하죠?' 하는 현실적 걱정도 충분히 이해한다. 그러나 외야수가 높이 뜬공을 잡는 원리를 떠올려본다면 이러한 걱정이 사실 별 의미 없음을 깨달을 수 있다.

외야수는 높이 뜬공을 잡으러 달려가면서 분명 이런 생각을 하지는 않을 것이다.

'공이 떨어지는 지점을 정확하게 계산하지 못했는데 이렇게 달려가도 될까?'

'만약 이렇게 달려갔는데 공을 못 받으면 어떻게 하지?'

결과를 알 수 없는 상황에서 사람들은 초조해하거나 걱정하게 마련이다. 그런데 어째서 외야수는 이러한 걱정을 하지 않을까? 그건 바로 외야수가 결과를 알 수 없는 상황임에도 자신의 직감과 능력을 믿고 합리적으로 사고하기 때문이다.

즐겁고 자유로운 길을 선택하라

좌담회에서 그 독자는 계속 질문을 던졌다.

"그런데 외야수가 항상 공을 잡는 것은 아니잖아요? 분명 공을 잡지 못하는 순간도 있을 거예요. 만약 마음의 소리에 귀 기울여 그 길을 선택했는데 공을 놓치는 결과가 나오면 어떻게 하죠?"

물론 외야수가 모든 공을 100퍼센트 잡을 수 있는 것은 아니다. 분명 공을 놓치는 순간도 있다. 마찬가지로 마음의 소리를 따라간다고 해서 반드시 성공하리라는 보장은 없다. 그러나 공을 한 번 놓쳤다고 해서 외야수로서의 자격이 없다고 볼 수 없는 것처럼 실패했다고 해서 그간의 모든 노력까지 부정할 수는 없다. 아직 젊고, 자신이 진정 무엇을 원하는지 마음의 소리에 계속 귀 기울일 수만 있다면 지금 서 있는 인생의 무대에서 무엇이든 다시 시작할 수 있다.

게다가 여러 사례에서 보듯 취미라는 것은 갖가지 형태의 직업 또는 사업으로 변화하고 발전할 수 있다. 애플의 스티브 잡스(Steve Jobs)가 휴학했을 때 취미로 배운 세리프(Serif) 서체와 산세리프(San Serif) 서체를 훗날 애플 컴퓨터 폰트에 적용한 것처럼, 조앤 K. 롤링이 그리스 신화를 전공하여 해리포터 시리즈를 창작한 것처럼, 취미로 영화를 보던 내가 작가가 된 것처럼 말이다.

만약 스티브 잡스가 계속 서체만 연구하고 있었다면, 조앤 K. 롤링이 그리스 신화만 공부하고 있었다면, 또 내가 계속 영화만 보고 있었다면 우리의 앞날은 지금과 완전히 다르지 않았을까?

마음의 소리에 귀 기울이고 나만의 직업을 찾아가는 과정에서 실패를 경험하지 않는다면 변화나 발전은 도무지 기대할 수 없다. 단언컨대 실패는 우리에게 주어진 가장 큰 선물이다. 그러니 두려워하지 말고 가슴을 활짝 열고 기꺼이 받아들이자.

그런데 현실에서 각종 실패를 경험하고 적응해가다 보면 과연 종점은 어디인가 하는 생각이 들기 시작한다. 여기에서 알아둬야 할 것은 마음의 소리에 응답하는 과정은 마라톤과 같다는 점이다. 그러므로 처음부터 장기전에 뛰어들겠다거나 모든 과정을 즐겁고 자유롭게 즐기겠다는 식의 마인드가 필요하다.

많은 사람이 결사의 각오로 현실과 싸우거나 쉼 없이 전진하는 태도를 자랑스럽게 여긴다. 물론 이러한 태도는 높이 살 만하지만 종점이 어디일지도 모르는 상황인데 100미터 달리기를 하는 속도로 마라톤을 하는 것과 마찬가지다. 단기간에 성과가 나오지 않을 수도 있는데 앞서 모든 자원과 체력을 소진해버린다면 목표점에 도달하기도 전에 결심이 흔들리거나 자신감을 잃을 수도 있다.

그러므로 어떤 일이든 멀리 내다보는 지혜가 필요하다. 예를 들어 어떤 일이 5년, 10년 심지어 훨씬 더 긴 시간이 걸린다면 어떤 자원이 필요하고 어떤 리스크가 있을지, 내가 정말로 즐겁게 할 수 있는 일인지 잘 고려해봐야 한다. 이러한 준비가 완벽하게 되어야만 마음의 소리를 따라 내가 원하는 바를 이룰 수 있다. 그리고 무엇보다 하고 싶은 일을 처음 찾았을 때 가졌던 열정과 호기심을 잃지 않는 것이 중요하다.

작가가 되고 싶다면 매일 자신이 쓴 글을 조앤 K. 롤링이나 무라카미 하루키(村上春樹)처럼 성공한 작가의 글과 비교하는 것은 금물이다. 또 농구선수가 되고 싶다면 자신의 농구 실력을

NBA 프로선수들과 비교하는 것도 삼가야 한다.

무의미한 비교는 자신감을 상실시키고 좌절감을 안겨줄 뿐이다. 나를 이끄는 진정한 힘은 바로 마음속에서 진심으로 우러나오는 간절한 열망이다. 이는 단순히 남들의 눈에 좋아 보이는 일을 할 때에는 경험할 수 없는 것이다.

목적지가 없는 여행을 떠나는 것처럼 비록 어디로 갈지는 모르지만 새로운 곳에서 낯선 풍경을 감상하고, 사람들을 만나는 일 모두 설레는 경험이 될 것이다. 가능하다면 반드시 성공해야 한다는 기대는 하지 않는 것이 좋다. 노력을 기울이지 말라는 의미가 아니다. 하고 싶은 일이 있다면 최선을 다하는 것이 맞다. 그러나 그 결과는 우리 마음대로 되지 않는다. 성공에 지나치게 집착한다면 무슨 일을 하든 즐거움을 느낄 수 없다.

미래에 반드시 성공한다는 보장이 없다면 '과연 이 일을 계속해도 될까' 라고 고민하기보다는 현재 그 일을 하는 과정 자체를 즐기는 편이 훨씬 바람직하다. 마라톤을 할 때 결승점을 몇 등으로 통과할까 기대하기보다는 달리고 있는 그 순간의 호흡에 집중해야 한다. 의사가 되었다면 앞으로 얼마나 큰돈을 벌 수 있을지 기대하기보다는 현재 내가 담당한 환자를 정성껏 치료함으로써 높은 등수나 돈보다 더 값진 성취감을 얻는 게 훨씬 가치 있다. 마찬가지로 작가가 되고 싶다면 책을 내서 얼마만큼의 수입과 명성을 얻을 수 있을지 계산하기보다는 지금 현재 무에서 유를 창조하는 기쁨을 누릴 수 있어야 한다.

사회적인 기준으로 본다면 노력의 결과로 성공할 수도 있고 실패할 수도 있다. 그러나 한 사람의 인생을 놓고 본다면, 결과와 상관없이 늘 즐거운 마음으로 매 순간 최선을 다했다면 실패한들 전혀 손해 보는 일은 없을 것이다.

Chapter 3

레더호젠이라는 반바지

실패할 것이
분명하다면

어느 날 책장을 정리하던 중 손에 잡힌 무라카미 하루키의 단편 소설집 《회전목마의 데드히트(回轉木馬のデッド・ヒート)》에 수록된 〈레더호젠(レダホゼン)〉을 다시 읽어보았다. 20년 전, 이 소설을 처음 읽었을 때는 아무런 감흥이 없었다. 그런데 이번에 다시 읽다 보니 오랫동안 답장하지 못한 내 홈페이지 우편함 속 메일 한 통이 문득 떠올랐다. 사실, 이 독자에게서 메일을 받은 것은 처음이 아니었다. 그는 예전에도 홈페이지를 통해 내게 메일을 보낸 적이 있었다. 그 내용은 이러했다.

어렵게 도전했는데 계속 실패하기만 한다면 선생님은 계속 그 일을 할 건가요? 내가 할 수 있는 최선을 다했는데 성공이 불확실하다면 그래도 계속해야 할까요? 아니면 포기해야 할까요?

이 질문 메일을 읽으면서 가장 먼저 떠올린 것은 지금 나의 작업 상태였다. 나는 집필할 때마다 내 글이 영 만족스럽지가 않다. 그래서 완성하기 전까지 계속 지우고 수정하기를 반복한다. 그러다가 급기야 과연 내가 이 책을 완성할 수 있을까 하는 불안감에 빠지기도 한다. 생각해보면 나는 일을 하는 내내 좌절감에 빠져 있다고 해도 과언이 아니다. 정말 순조롭게 글을 완성하는 경우는 극히 드물다.

예전에 'J형 곡선'이라는 제목의 기사를 본 적이 있다. J형 곡선이란 학습자가 새로운 과제에 도전할 때 처음에는 능률이 계속 떨어지는 것처럼 보이지만 일단 최저점을 지나고 나면 상승세를 보인다는 이론이다. 알파벳 'J' 모양처럼 말이다.

사실, 이 이론을 글쓰기에도 적용할 수 있을지는 잘 모르겠지만 글이 정말 써지지 않을 때는 J형 곡선의 최저점에 와 있다고 상상하며 반드시 거쳐야 하는 과정이라고 되뇐다. 그래서인지 나는 실패하고 좌절해도 계속 도전하는 편이다. 그렇지 않았다면 지금까지 단 한 권의 책도 완성할 수 없었을 것이다.

하지만 생각을 정리한 다음 독자의 질문에 답하려고 컴퓨터 모니터 앞에 앉을라치면 후반부의 질문 때문에 다시 망설여졌다.

'나중에 실패할 것이 분명하다면 계속하는 것은 정말 손해 아닐까? 차라리 일찍 포기한다면 시간 낭비도 하지 않고 손해도 줄일 수 있을 텐데…….'

결국 답장을 하지 못한 채 꺼냈던 키보드를 다시 집어넣기 일쑤였다.

내 발걸음을
멈추게 하는 것은
상상 속의 고통이다

당시 나는 곧 있을 21킬로미터 하프 마라톤에 참가하기 위해 준비 중이었다. 10개월 전부터 달리기 연습을 해왔는데, 대회 직전에는 구간을 10킬로미터에서 21킬로미터로 늘려가며 집중 연습을 했다. 거리를 두 배 가까이 늘린다는 것은 신체적으로나 심리적으로나 큰 도전이었다. 특히 마지막 몇 킬로미터 지점에 이르러서는 포기하고 싶은 마음이 굴뚝같았다.

한번은 결승선 3킬로미터 정도 앞둔 지점에서 코치가 지칠 대로 지친 나를 보며 말했다.

"예전에 훈련할 때 제 코치님이 이런 말씀을 하셨어요. 훌륭한 선수는 마지막 몇 킬로미터에서 스퍼트를 내기 시작한다고요. 승패를 결정하는 것은 바로 마지막 몇 킬로미터라는 사실을 잊으면 안 돼요. 그런데 그렇다고 앞에 훨씬 더 긴 거리는 생략하고 마지막 몇 킬로미터만 연습할 수는 없어요. 그러니 이 순간이 오면 자기 자신한테 이렇게 되뇌는 거예요. '지금까지 정말 열심히 달려 드디어 중요한 몇 킬로미터만을 남겨놓고 있구나. 이건 내 노력의 결과야. 소중히 생각하며 달리자'라고요."

조금 억지스럽기는 했으나, 코치의 이야기를 듣고 나니 포기하고 싶게 만드는 고통에도 나름의 의미를 부여할 수 있겠다는 기분이 들었다.

결승점을 통과한 뒤, 그토록 포기하고 싶던 마지막 몇 킬로미터를 돌아보았다. 좀 전까지 고통스러웠던 기억이 어느새 지난 과거로 퇴적되었다. 그러면서 세상의 그 어떤 시련도 극복할 수 있다는 자신감이 솟구쳤다.

마지막 몇 킬로미터를 달리는 고통은 크게 생각하면 정말 큰 일이고, 생각을 바꾸면 아주 사소한 일이 될 수 있다. 이렇듯 어떻게 생각하느냐에 따라 고통의 정도는 천차만별이 된다. 이런 점에서 고통은 그저 환상일 뿐이다.

결국 우리를 멈추게 하는 것은 무엇인가? 바로 상상이다. 우리의 발걸음을 멈추게 하는 것은 실제의 고통이 아닌, 상상 속의 고통이다. 그렇다면 상상 속의 고통은 어떻게 극복할 수 있을까? 고통에 의미를 부여하는 방법이 있다. 고통에 의미가 있다면 힘들지만 계속할 힘을 얻을 수 있다.

할리우드의 '스토리 그루'라고 불리는 로버트 맥키(Robert McKee)는 저서 《시나리오 어떻게 쓸 것인가(STORY)》에서 배역에 관하여 이렇게 기술했다.

> 배역의 진짜 모습은 어려운 결정을 내려야 할 때 잘 드러난다. 일반적으로 압박감이 굉장히 큰 순간에 내리는 결정은 그 사람이 어떤 사람인가를 보여준다. 압박감이 클수록 사람의 본성은 더욱 사실적으로 드러나게 마련이다.

평소 사람들과 편안한 분위기에서 먹고 마실 때는, 어떤 행동을 하고 어떤 말을 하든 내가 어떤 사람인지는 크게 달라지지 않는다. 하지만 살면서 결정적인 선택을 해야 하는 순간이 있다. 예를 들어 마라톤 결승점까지 몇 킬로미터 안 남았는데 이대로 포기할지, 끝까지 달릴지 고민에 빠졌다고 치자. 이때 지금의 선택이 내가 어떤 사람이고, 앞으로 어떤 인생을 살 것인지를 증명하는 기회가 될 거라는 사실을 깨닫는다면, 어떤 선택을 해야 할지는 더욱 명확해질 것이다.

인생의 무대에서 어떤 배역을 맡고 싶은가? 과연 어떤 사람이 되고 싶은가? 어떤 인생을 살고 싶은가? 너무 힘이 들어 포기하고 싶을 때 이렇게 큰 그림을 그리다 보면 고통의 의미를 찾기도 하고 상상 속의 고통을 과감히 대면할 힘도 얻을 수 있다.

나는 마라톤 준비를 하면서 그동안 답을 찾지 못했던 독자의 질문에 조금씩 실마리를 찾아가기 시작했다.

똑같은 사람이 동일한 거리를 달리더라도 끝까지 달리는지, 중간에 포기하는지에 따라 결과가 달라진다. 이것을 일반적으로 '인과관계'라고 한다. 한편, 분명 실패할 것이라고 단정해버리고 포기하는 것은 원인과 결과가 뒤바뀌어버린, 이치에 어긋나는 논리다.

'만약 나중에 실패할 것이 분명하다면 계속하는 것은 손해 아닐까? 차라리 일찍 포기한다면 시간 낭비도 하지 않고 손해도 줄일 수 있을 텐데…….'

이렇게 생각하는 것의 오류는 원인과 결과를 뒤집어 생각한 데 있다. 즉, 원인이 결과가 되어버린 셈이다. 원인은 결과에 영향을 준다. 하지만 그렇다고 결과를 예측하고 다시 돌아가 원인을 수정할 수는 없다. '끝까지 견디면 성공한다', '포기하면 실패한다'는 말은 합리적인 인과관계다. 그러나 결과를 단정하고 끝까지 견딜지, 아니면 포기할지를 추론하는 것은 이 세상에 존재하지 않는 '과인관계'다.

실패했을 때,
나에게는
두 가지 선택이 있다

질문 메일에 대한 답장을 독자에게 보낸 직후, 아들이 물었다.

"이성적으로 생각해보면 아버지 말씀에 일리가 있다고 생각해요. 끝까지 견뎌야 성공한다고 말씀하신 부분이요. 하지만 막상 실패하고 나면 누구나 그 사실을 받아들이기 힘들어해요. 그리고 낙담해서는 그냥 포기해버리자고 마음먹죠. 이런 경우에는 어떻게 해야 하죠?"

"좀 더 구체적인 예를 들어보겠니?"

"전에 아버지와 내기를 한 적 있었죠? 체지방 지수를 십칠 점 오 퍼센트까지 떨어뜨릴 수 있을지 없을지를 두고 말이에요. 그때 저는 정말 최선을 다했다고 생각했지만 결과적으로는 내기에 져서 돈을 잃었어요. 그토록 노력했는데 실패하고 나니 신이 참 불공평하다는 생각이 들었어요. 그리고 더 이상 운동이니 식단 조절이니 하는 것들은 생각도 하기 싫었죠. 물론 이런 생각이 그리 바람직하지 않다는 건 알고 있었지만 그냥 그때는 제 마음이 그랬어요."

나는 굉장히 좋은 질문이라고 생각했다.

"결과에 대한 태도에 따라 사람들을 두 부류로 나눌 수 있단다. 첫 번째 부류는 모든 일에는 원인이 있다고 생각하지. 비록 눈에 보이지 않지만 분명 어떤 근거가 있다고 믿는 거야. 두 번째 부류는 모든 일에 반드시 근거가 있다고 생각하지 않아. 그들은, 성공과 실패는 단지 운이 좋고 나쁨의 차이라고 여기지. 너는 이 중에 어떤 부류에 속할까?"

"이성적으로 생각하면 물론 첫 번째 부류죠. 하지만……."

아들은 말을 잠시 멈추었다가 다시 이어갔다.

"감정적으로 보면 두 번째 부류에 해당하는 것 같아요. 실패를 겪었을 때 굉장히 속상했거든요. 엄청 열심히 노력했는데 실패하다니, 정말 말도 안 되고 불공평한 일이라고 생각했죠."

"그렇다면 너도 두 번째 부류의 사람들처럼 운이 나쁘다고 생각했겠구나. 내가 아무리 노력을 해도 결과는 달라지지 않을 테니 더 이상 노력하기를 포기해버린 것이고……."

아들이 고개를 끄덕였다.

"그렇다면 노력을 포기한 결과가 어땠는지도 잘 알겠구나……. 나에게 이런 질문을 했다는 건 아직 네 고민이 풀리지 않았다는 의미이겠지? 고민이 풀리지 않는 이유는 아마도 애초에 네가 문제를 해결할 수 없는 길을 선택했기 때문이겠고……. 그건 너도 잘 알고 있을 거야. 문제가 해결되지 않았는데 계속 모른 척한다고 해서 문제가 사라지는 건 아니야. 계속 네 머릿속에 나타나 괴롭게 한단다."

"그럼 어떻게 해야 하는데요?"

"'아무리 노력해도 안 돼'라는 생각에서 벗어나고 싶다면 우선 관점을 바꾸는 것부터 시작해보는 거야."

"좋아요. 그러면 첫 번째 부류의 사람들처럼 생각해볼게요. 모든 결과에는 그럴 만한 원인이 있다고 말이에요. 그렇다면 제가 많은 시간을 투자해 운동하고 열심히 노력했는데도 실패한 이유가 뭘까요?"

"너는 그 이유가 뭐라고 생각하니?"

"제 노력이 부족했다는 말씀을 하고 싶으신 건가요? 저는 정말 운동을 위해 많은 시간을 투자했는걸요."

"그래. 그럼 만약 체지방 지수를 십칠 점 오 퍼센트까지 낮추는 데 필요한 각종 노력과 조건을 합쳐서 백 퍼센트라고 하자.

운동을 위해 많은 시간을 투자했다고 했지? 그 노력이 몇 퍼센트 정도 차지한다고 생각하니?"

"결과를 놓고 보면 아마 칠팔십 퍼센트 정도인 것 같아요."

"그렇다면 나머지 이삼십 퍼센트는 무엇이라고 생각하니?"

"열량이 좌우하는 부분이겠죠. 운동은 충분히 많이 했으니 혹시 식단 조절에 더 신경 썼다면 성공할 수 있었을까요?"

"포기하지 않았다면 성공할 가능성도 있었겠네?"

"게다가 이번에 운동을 시작하면서 준비가 너무 미흡했어요. 제대로 준비했더라면 내기에서 이길 수 있었을 거예요."

"그러니까 노력의 범위를 넓히고 시간이 조금 더 있었다면 너는 성공할 수도 있었을 거야."

"그런 것 같네요."

"실패했을 때 네 앞에 두 가지 선택이 있을 수 있단다. 첫 번째는 실패하고 나서 세상은 불공평하다며 모두 그만두는 것이고, 두 번째는 일단 실패라는 결과를 받아들이고 면밀히 원인을 분석해보는 거란다. 그러면서 어떤 부분을 조금 더 보완했더라면, 시간을 조금만 더 투자했더라면, 조금만 더 노력했더라면 성공할 수 있었을 거라고 스스로 깨닫는 것이지. 세상에는 오직 이 두 가지 선택만 있단다. 그렇다면 어떤 선택을 해야 마음도 편하고 성공할 가능성 또한 높아질까?"

포기하는 것은 계속 노력하는 것보다 어렵다

답장을 받은 독자가 또다시 질문 메일을 보내왔다.

포기하지 않고 계속 노력해야 성공의 기회가 온다는 건 잘 알겠어요. 계속 노력한다고 해서 반드시 성공하는 것은 아니지만 포기하면 반드시 실패한다고 말씀하셨잖아요. 그렇다면 선생님께서는 살면서 최선을 다했음에도 계속 실패를 하다가 결국 낙담해 포기한 경험은 없었나요? 만약 그런 경험이 있었다면 어떤 생각으로 포기를 결심하게 되었나요?

물론 나도 포기한 경험이 있다. 그것도 꽤 많은 편이라고 할 수 있다. 그러나 계속 실패를 하다가 의기소침해져 스스로 포기한 경험은 별로 없는 것 같다. 내 의지가 얼마나 강한지를 이야기하려는 것이 아니라, 그만큼 포기하는 이유가 다양하다는 말을 하고 싶은 것이다. 그러나 단지 낙담했다거나 의기소침해졌다는 이유로 포기하는 것은 바람직하지 않다고 생각한다.

어떤 사람들은 이런 의문을 품을 것이다.

'포기하는 데도 이유가 필요한가?'

당연히 필요하다. 계속 노력해야 하는 데는 이유가 필요 없지만, 포기할 때는 반드시 이유가 필요하다.

나는 독자에게 받은 두 번째 질문을 되뇌며 책장을 정리하다가 우연히 무라카미 하루키의 단편소설 〈레더호젠〉을 읽게 되었다.

〈레더호젠〉은 55세의 중년 여성이 홀로 독일 여행을 하면서 남편에게 선물로 줄 레더호젠(Lederhosen, 독일의 민속의상인 가죽 반바지)을 사러 가는 이야기를 담고 있다. 레더호젠을 파는 오래된 가게의 주인은 자신만의 원칙이 있었는데, 그는 손님들이 가게에서 직접 반바지를 입어보고 잘 맞는지를 확인한 뒤에야 물건을 팔았다. 남편의 반바지를 사기 위해 중년 여성은 현지에서 남편과 체격이 비슷한 독일 남자를 찾아 와 그에게 대신 입어볼 것을 부탁하겠노라 말했다. 가게 주인은 그녀의 제안을 받아들였고 중년 여성은 곧 남편과 체격이 비슷해 보이는 모델을 데려왔다. 그런데 이 독일 모델이 레더호젠을 입어보고 가게 주인이 모양을 잡아주는 약 3분의 시간 동안 그녀는 돌연 남편과의 이혼을 결심했다.

1991년 처음 이 소설을 읽었을 때 나는 레더호젠이 대체 어떻게 생긴 옷인지조차 몰랐다.

'레더호젠이 대체 뭐지? 무라카미 하루키가 만들어낸 건가?'

물론 중년 여성이 남편과 이혼을 결심한 이유는 더욱 알 길이 없었다.

이번에 소설을 다시 읽으면서 나는 중년 여성이 도대체 왜 이혼을 결심했는지 그 이유를 알아내기 위해 여기저기 단서를 찾아보았다. 소설에는 젊은 시절 남편의 잦은 외도로 부부가 싸움을 벌이는 장면이 짧게 묘사되어 있다. 그다음, 소설 속에서 그녀는 다른 남자가 남편에게 선물할 반바지를 입고 있는 것을 보는 순간 돌연 남편에 대한 참기 힘든 혐오감이 부글부글 끓어올랐다. 과거에는 무엇인지 알 수 없던 모호한 생각들이 점점 형태를 갖춰가는 느낌을 받은 것이다. 그러나 이혼한 이유에 대해서는 이것 말고 구체적으로 나와 있는 게 없었다.

만약 남편의 외도가 원인이었다면 젊었을 때 이혼할 수도 있었다. 왜 이제 와서 이혼을 결심한 걸까? 만약 반바지를 입은 남편의 모습이 혐오스러워 견딜 수 없었다면 왜 굳이 반바지를 선물로 골랐을까?

결론적으로 이 소설은 매우 난해하면서도 인상 깊은 작품이었다. 나는 갑자기 호기심이 생겨 인터넷 검색창에 '레더호젠'이라는 네 글자를 입력했다. 그리고 잠시 후 놀랍게도 레더호젠은 실제로 존재하는 독일의 전통의상이고 종류와 디자인 역시 방대하다는 사실을 발견했다. 나는 인터넷에서 사진 한 장을 다운로드해 소설 속 중년 여성의 마음으로 남편과 비슷한 체격의 독일 남자가 레더호젠을 입어보는 장면을 상상했다. 또 이미 감정적으로 냉담한 사이가 된 남편이 똑같은 반바지를 입고 있는 장면도 상상했다.

이런 상상을 하자 머릿속에 마치 중년 여성의 목소리가 들리는 듯했다.

'반바지에 대한 남편의 취향처럼 내 결혼생활은 정말 최악이야. 나는 이 반바지가 정말 혐오스럽다. 그런데 왜 자꾸만 괜찮다고 나 자신을 설득하려는 걸까? 이런 게 정말 행복일까?'

'오랫동안 반바지를 입은 남편의 모습을 지켜봐왔지. 그런데 만약 다른 남자였다면 내 인생은 어떻게 달라졌을까?'

이 밖에도 수많은 목소리가 머릿속을 스쳐 지나갔다. 그러다가 문득 이 여성이 마지막에 떠올렸을 법한 생각을 짐작하기에 이르렀다.

> 만약 꼭 이렇게 살지 않아도 된다면…… 지금과는 또 다른 방식으로 살 수 있다면…….

중년 여성은 그 3분 남짓의 시간 동안 감히 생각해볼 수 없었던 '또 다른 방식의 삶'에 대한 가능성을 떠올렸던 것이다.

〈레더호젠〉은 한 여성이 결혼생활을 '포기'하는 과정을 담은 소설이다. 이 여성은 그동안 숱한 실패를 겪었지만 결혼생활만큼은 포기하지 않았다. 그러나 레더호젠을 계기로 그녀는 자신이 또 다른 인생을 살 수 있다는 가능성을 깨달았다.

사실, 포기하는 게 계속 노력하는 것보다 더 어렵다. 그러나 '또 다른' 혹은 '더 좋은' 가능성이 보여서 하던 일을 포기하는 것과 실패하고 좌절감이 들어 포기하는 것은 완전히 다르다.

독자에게 받은 편지 덕분에 무라카미 하루키의 소설도 다시 읽게 되었고, 내 인생의 실패 순간들을 떠올려보는 시간을 가질 수 있었다. 나 역시 계속 노력했지만 실패를 거듭한 적도 많았고 결국 포기해버린 적도 있었다.

그런데 살면서 계속 노력을 했든 포기를 했든, 성공과 실패라는 결과보다 중요한 것은 후회를 남기지 않는 것임을 깨달았다. 계속 노력했는데도 결국 실패했다면 슬프고 낙담할지는 몰라도 끝까지 포기하지 않았다는 점에서 후회는 남지 않을 것이다.

만약 내가 할 수 있는 최선을 다했는데도 성공하지 못하고 어쩔 수 없이 포기해야 한다면 가장 좋은 이유는 '또 다른' 혹은 '더 좋은' 가능성을 찾기 위함일 것이다.

나는 오랫동안 답장하지 못했던 독자의 두 번째 질문 메일을 열어 '회신'을 클릭했다. 화면이 바뀌고 나는 그의 질문에 대한 답장을 쓰기 시작했다.

Chapter 4

기분이 우울할 때는 어떻게 해야 할까?

선생님의 글을 읽으면

늘 유머러스하면서도 밝은 기운이 느껴져요.

혹시 선생님도 괴로운 일이나 힘든 일이 있을 때는

기분이 저조하고 우울한가요?

그럴 때는 어떻게 하나요?

마음의 스위치를 전환하다

나는 어린 시절을 시골에서 보낸 탓인지 어르신들이 좋아하는 우스갯소리를 많이 아는 편이다. 그중에서 우리 할머니가 가장 좋아하는 이야기는 바로 이것이다.

시골 사람이 처음으로 도시에 갔다. 그는 태어나서 처음으로 고층 빌딩들을 보고는 흥분을 감추지 못한 채 그 자리에 서서 층수를 세고 있었다.

'일 층, 이 층, 삼 층, 사 층, 오 층…….'

그때 도시 사람 한 명이 지나가다가 그의 손을 잡으며 호통쳤다.

"지금 뭐하는 거예요? 여기에서는 한 층을 셀 때마다 천 원씩 내야 한다는 거 몰라요?"

"저는 그냥 건물을 구경하고 있었어요. 세지는 않았어요."

"제가 세고 있는 것을 다 봤으니 속일 생각은 하지 마세요. 어서 몇 층까지 세었는지 말하세요."

시골 사람은 한참을 머뭇거리다가 우물쭈물 말했다.

"저…… 삼 층까지 세었는데요."

"정말이에요?"

"네. 정말입니다."

시골 사람은 도시 사람과 가격 흥정을 하기 시작했다. 결국 시골 사람은 20퍼센트를 할인받아 2,400원을 도시 사람에게 지불했다.

시골 사람은 고향에 돌아와서 동네 사람들에게 자신의 경험을 의기양양하게 이야기했다.

"사실 십삼 층까지 세었는데 그 사람한테는 삼 층까지만 세었다고 속였지. 게다가 할인까지 해줬어. 도시 사람들은 정말 멍청한가 봐."

이 이야기를 할 때마다 할머니는 한참을 깔깔 웃으셨다. 그러고는 내게 이렇게 물으셨다.

"너는 시골 사람이 똑똑하다고 생각하니? 아니면 도시 사람이 똑똑하다고 생각하니?"

그러면 나는 단번에 대답했다.

"당연히 도시 사람이죠. 시골 사람이 속은 거잖아요."

그러면 할머니는 정말 똑똑하다며 나를 칭찬해주셨다. 그런데 언제부터인가 이런 생각이 들었다. 과연 시골 사람은 자신이 속았다는 사실을 알았을까? 아니면 계속 모르고 있을까?

속았다는 사실을 모른다면 그는 10층만큼의 돈을 내지 않았다는 사실에 기뻐할 것이고 심지어 자신의 영리함을 자랑스러워할 것이다. 그러나 만약 속았다는 사실을 알게 된다면 분명 화가 나고 억울할 것이다. 경찰에 신고해봤자 어디 사는 누군지도 모르니 돈을 돌려받기란 어렵다. 게다가 경찰서에 가서 신고를 하고 진술서를 작성하는 등 적잖은 시간을 낭비해야 한다. 차라리 그 시간에 나가서 돈을 번다면 잃어버린 돈보다 많은 돈을 벌 수 있지 않을까?

어쨌든 이 문제는 내게 새로운 시각을 심어줬다.

어린 시절 학교에서 시험을 볼 때 다음과 같은 '선 잇기' 문제가 자주 나왔다.

하늘 • • 바나나

동물 • • 맑음

과일 • • 사자

이 문제의 정답은 이렇다.

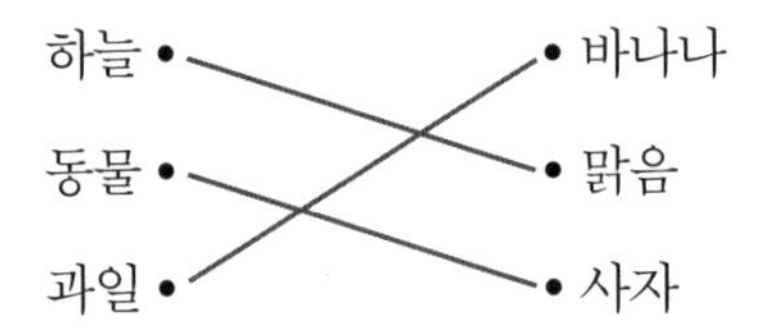

하지만 시골 사람의 입장에서 속았다는 사실을 아는 것과 모르는 것 중 어떤 게 나았을까 생각해보자면, 그가 돈을 잃은 것과 감정이 상하는 것을 일대일로 연결 짓는 것은 그리 간단한 문제가 아니었다.

그가 돈을 잃은 것과 감정 사이에는 하나의 스위치가 존재하는 것 같다. 스위치를 어떤 방향으로 옮기느냐에 따라 감정이 상할 수도 있고 의기양양해질 수도 있다. 이렇게 생각해보니 갑자기 '돈을 잃는 것'이 나쁜 일만은 아니라는 생각이 들었다. 중요한 것은 스위치를 어떤 방향으로 옮기느냐 하는 것이다.

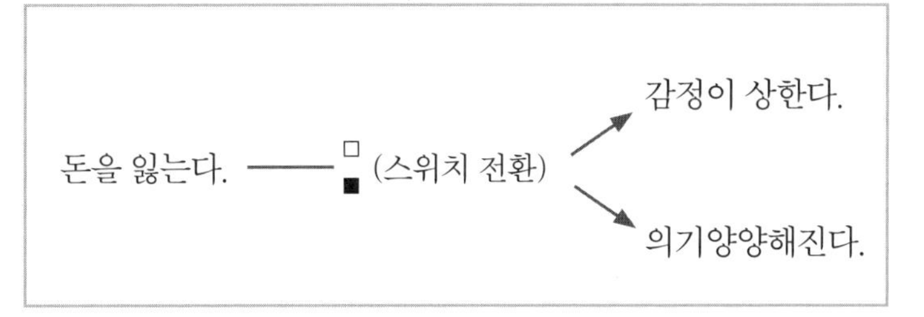

나는 분명 사람들의 마음속에 이러한 스위치가 존재한다고 생각했다. 하지만 스위치가 도대체 어떻게 작동하는지는 당시 아직 어린 내가 이해할 수 있는 범위를 넘어선 문제였다.

그러던 어느 날 아버지의 자전거를 타고 달리다가 넘어지는 일이 있었다. 나는 자리에 주저앉아 무릎을 붙잡고 소리쳤다.

"아야야! 내 무릎! 무릎이 까졌어요!"

그런데 아버지는 나를 힐끗 내려다보시더니 아무 말도 없이 자신의 자전거를 세워놓고는 망가진 곳이 없나 유심히 살폈다. 나는 화가 나서 벌떡 일어나 소리쳤다.

"어떻게 저한테 괜찮으냐고 묻지도 않고 자전거만 챙겨요?"

"네 무릎은 까졌어도 금방 다시 아물잖니?"

아버지가 웃으며 말했다.

"하지만 자전거는 망가지면 수리비가 못해도 몇만 원은 들 거란다."

내가 울면서 소리쳤다.

"정말 너무해요! 세상에! 어떻게 이런 아빠가 있어요?"

그러나 아버지는 계속해서 자전거만 살펴볼 뿐이었다. 그러다가 한참 뒤 고개를 들고 말했다.

"망가진 곳이 없는 것 같구나. 오늘 돈 벌었구나! 가자, 아이스크림 사줄게."

"정말요?"

나는 단박에 울음을 그쳤다. 우리 부모님은 워낙 돈을 아끼는 이들이라 이런 기회는 흔치 않았으니까.

"그럼, 정말이지."

나는 갑자기 기분이 좋아졌다. 그리고 10분 뒤 아버지와 나는 가게 앞에 앉아 아이스크림을 먹고 있었다. 아이스크림을 먹는 동안 이런 생각이 들었다.

'만약 내 무릎이 아니라 자전거가 망가졌더라면 이렇게 앉아서 아이스크림을 먹을 수 없었겠지? 오늘 정말 운이 좋았어.'

이렇게 생각하고 나니 신기하게도 무릎의 상처가 하나도 안 아프게 느껴졌다. 심지어 이런 생각까지 들었다.

'내 무릎이 다쳐서 정말 다행이야.'

생각해보면 그때 나는 처음으로 마음속 스위치의 존재를 확신하게 되었던 것 같다. 아버지는 완전히 새로운 시각으로 내가 마음속 스위치를 전환할 수 있도록 가르쳐주었던 것이다. 나는 그 스위치를 전환함으로써 일반적으로 자전거를 타다가 넘어져 무릎이 까졌을 때와는 다른 감정을 느낄 수 있었다.

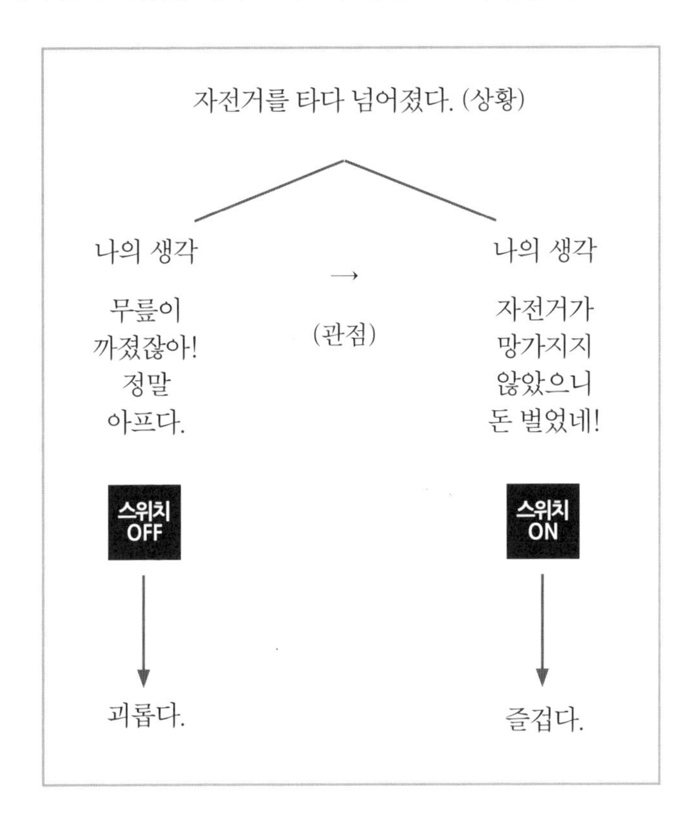

이러한 그림을 살펴보면 '감정'은 '발생한 일'과 대응하는 것이 아니라 어떤 '관점'을 갖느냐에 따라 달라진다. 그러므로 부정적인 관점으로 바라보면 나 역시 괴롭고, 긍정적인 관점으로 바라보면 설령 안 좋은 일이라고 해도 즐겁게 받아들일 수 있는

것이다.

다시 말해, 괴로움과 즐거움은 발생한 일에 따라 결정되는 감정이 아니라 그 일을 어떻게 바라보느냐에 따라 결정된다는 것이다. 우리는 어떤 일이 발생하는 것을 막을 수는 없지만 대신 그 일에 대처하는 마음가짐은 얼마든지 바꿀 수 있다. 생각을 전환하는 능력, 이것이 바로 마음속 스위치를 열고 닫는 행위다.

볼 수 있는 능력

내가 좋아하는 소설 《어린왕자(Le Petit Prince)》의 시작 부분에는 재미있는 이야기가 하나 나온다. 이야기는 보아뱀이 코끼리를 삼키는 그림을 묘사한다.

나는 내가 그린 이 걸작을 어른들에게 보여주며 그림이 무섭지 않느냐고 물었다. 그들은 이렇게 대답했다.
"모자가 무엇이 무섭다는 거니?"
내가 그린 것은 모자가 아니고 거대한 보아뱀이 코끼리를 소화시키고 있는 그림이었다. 나는 어른들이 이해할 수 있도록 보아뱀 배 속의 상황을 자세히 그렸다. 어른들은 꼭 설명이 필요하다니까.

생텍쥐페리(Saint-Exupéry)의 말에 따르면 세상 사람들은 두 종류로 나눌 수 있다. 첫 번째 종류는 고정적인 시각으로만 세상을 바라보는 사람들이다. 대부분의 어른이 여기에 속한다. 두 번째 종류는 다양한 시각으로 세상을 바라볼 수 있는 사람들로, 이 능력을 가진 이들은 대개 아이들이다.

어른들도 분명 한때는 아이였을 텐데 어째서 아이들이 볼 수 있는 것을 보지 못하는 것일까? 내 생각에는 어른들도 원래는 볼 수 있었지만 나이가 들면서 재물, 권력, 명예, 속도, 효율 등등의 것들에 생각이 묶여 점점 이런 것들만 잘 보게 된 것 같다. 마치 두 눈의 시력이 동일하지 않을 때 시력이 좋은 쪽 눈이 시력이 안 좋은 쪽 눈을 따라가 점점 시력이 같아지듯 어른들 역시 볼 수 있는 능력을 상실해가는 것이다.

그런데 어른들 눈에 보이지 않는 것은 정말로 존재하지 않는 것일까? 볼 수 있는 능력을 상실한 어른들은 대체 무엇을 잃어버린 것일까?

예전에 들은 이야기 중 이런 것이 있다.

큰 스님과 작은 스님 두 명이 말싸움을 벌였다. 그들은 결국 해결하지 못한 채 저마다 스승을 찾아가 시시비비를 가려달라고 부탁했다. 큰 스님이 스승의 방에 들어가 자신의 이야기를 했다. 그러자 스승이 웃으며 말했다.

"네 말이 옳구나."

작은 스님도 이에 질세라 스승을 찾아가 하소연했다. 그러자 스승이 웃으며 말했다.

"네 말이 옳구나."

작은 스님이 나가자 스승 옆에 앉아 있던 제자가 물었다.

"스승님, 큰 스님 말이 옳다면 작은 스님 말이 틀린 것일 테고, 작은 스님 말이 옳다면 큰 스님 말이 틀린 것일 텐데, 어째서 둘의 말이 모두 옳다고 하신 겁니까?"

스승은 이번에도 웃으며 말했다.

"네 말도 옳구나."

이야기 속 세 명의 제자는 《어린왕자》에 등장하는 어른들처럼 고정된 시각으로 세상을 바라보는 이들이다. 세상을 바라보는 시야가 협소하기 때문에 타인의 눈에 비치는 세상을 보지 못하는 것이다. 모두가 자신이 보는 세상만이 진리라고 믿고 그것을 고집한다면 자연히 충돌과 분쟁이 잦아진다.

이 이야기를 처음 들었던 젊은 시절에는 시시비비가 분명하지 않은 스승의 태도를 이해할 수 없었다. 과연 그에게 스승으로서의 자격이 있을까 하는 생각도 했다. 하지만 나이가 들면서 그때의 내 생각이 짧았음을 깨달았다.

제자들은 그저 자신의 눈에 보이는 사실만을 진리라고 굳게 믿었다. 그러나 스승은 사람마다 각자의 입장이 다르니 세상을 바라보는 관점도 다름을 인정했다. 즉, 같은 일을 대할 때도 관점에 따른 가치관이 다르고 판단의 방향 및 선택이 다를 수 있음을 인정한 것이다.

그러니 스승의 태도는 시시비비가 분명하지 않은 것이 아니라 문제를 더 깊이 꿰뚫어 보았다고 이해하는 게 맞다. 이렇게 나와 다른 관점을 이해하려고 노력한다면 설령 충돌이 일어날지라도 소통은 물론 화해를 할 가능성이 있다.

감정이 상했을 때도 마찬가지다. 어떤 일 때문에 기분이 좋지 않을 때 《어린왕자》에 등장하는 어른들이나 다툼을 벌이던 스님들처럼 하나의 고정적인 시각으로 세상을 이해하려 한다면, 현재 느끼는 나의 감정이 유일무이한 진리라고 인정하게 된다. 즉, 또 다른 선택이 있을 수 없다고 생각하기에 감정을 다른 방향으로 전환할 스위치도 찾을 수 없다.

역겨운 침과
낭만적인 침

예전에 어느 일본 예능 프로그램을 본 적이 있다. 이 프로그램에서는 '누가 가장 역겨운가?'라는 주제로 경합을 벌였는데, 많은 도전자 중 최후의 한 명이 우승자로 뽑혔다. 그는 컵에다 방청객들의 침을 가득 모은 뒤 그걸 마셨다. 사람들에게 이 이야기를 들려주면 대부분 '정말 역겹다', '토할 것 같다', '생각하고 싶지 않다' 등의 반응을 보였다.

일반적으로 누군가 옆에 지나가면서 침을 뱉는다면 우리는 저절로 미간을 찌푸린다. 만약 내 얼굴에 침을 뱉기라도 한다면 본능적으로 그 사람에게 주먹을 날릴지도 모른다. 이는 우리가 '침'에 대해 갖고 있는 생각 때문일 것이다. 대부분의 사람은 침을 더럽고 비위생적인 것으로 여긴다. 그래서 위와 같은 일이 벌어졌을 때 부정적인 반응을 보이는 것이다.

하지만 과연 이것이 침에 대한 유일한 시각이고, 단일한 반응인가?

어느 날, 우연히 드라마를 보게 되었다. 화면 속에서 남녀 주인공이 프렌치 키스를 나누고 있었다. 주변에 있던 사람들이 그 장면을 보며 말했다.

"정말 낭만적이야."

"너무 멋져."

그 순간 생각 하나가 내 머릿속으로 퍼뜩 끼어들었다.

'더럽고 역겹다고 여기는 침이 어째서 남녀가 키스를 할 때는 낭만적으로 변할 수 있지?'

혹자는 이렇게 대답할 것이다. 누구의 침이냐가 중요하다고! 낯선 사람의 침은 역겹지만 사랑하는 사람의 침은 낭만적이라고 말이다. 하지만 낯선 사람이 하루아침에 사랑하는 사람이 될 수도 있고, 사랑하는 사람이 하루아침에 낯선 사람이 될 수도 있다. 역겨움이 낭만으로 바뀌고, 낭만도 역겨움으로 바뀔 수 있다. 모든 것은 아주 작은 생각의 차이에서 비롯하는 것이다. 그렇지 않은가?

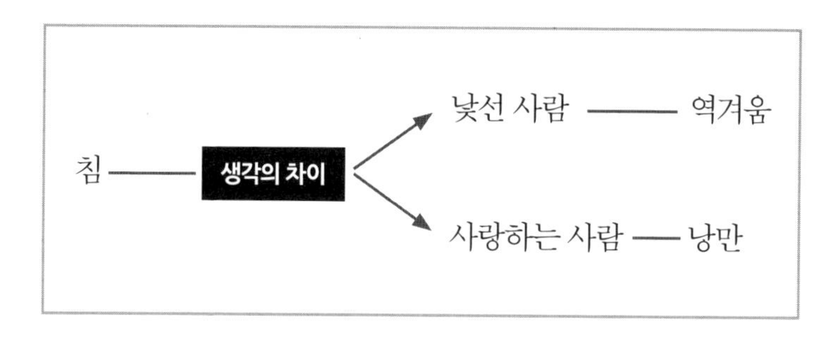

이렇게 본다면 중요한 것은 바로 생각의 차이다. 낯선 사람이건 사랑하는 사람이건, 그 뒤에 따라오는 역겨움이건 낭만이건, 모두 생각의 차이에서 비롯하는 부수적인 것들이다.

이러한 이치를 깨닫지 못하는 사람들은 어떤 감정에 사로잡혀 헤어나지 못하는 경우가 많다. 이들은 감정을 능동적인 형체로 간주하고 그것을 억지로 바꾸려 한다. 예를 들어 실연당했을 때는 노래방에 가서 노래를 부른다거나, 영화를 본다거나, 마음껏 먹고 마시고, 또 실패했을 때는 친구와 술을 마시거나, 드라이브하면서 소리를 지르고, 다른 사람을 욕하거나 심지어 싸움을 하면서 기분 전환을 시도한다. 그러나 이러한 방법은 나를 따라다니는 그림자를 없애려는 노력만큼이나 아무 소용이 없다.

어떤 사람은 자기 자신한테 이렇게 말하기도 한다.

"나는 지금 너무 고통스러워서 생각을 바꿀 힘조차 남아 있지 않아."

그런데 이 말은 "내 몸이 그림자에게 붙잡혀 움직일 수 없어"라고 하는 것만큼이나 말도 안 되는 소리다.

능동적인 것은 생각의 차이요, 피동적인 것은 인지와 감정이다. 형체에 따라서 그림자가 움직이는 것처럼 생각을 바꾸면 인지를 바꿀 수 있고 인지를 바꾸면 감정은 저절로 변하게 마련이다. 형체를 움직이면 그림자가 따라서 움직이는 것처럼 쉽고 간단하다.

지금 실연당했는가? 혹여 그렇다고 하루 종일 상대방을 원망하며 자신이 상처받았다는 생각에 빠져 있을 것인가? 아니다. 생각을 전환해 우울한 상황에서 벗어나고자 노력해보자.

'그녀(그)도 그동안 내게 불만이 많았겠지?'
'서로가 잘 맞지 않는다면 헤어지는 게 나쁜 일만은 아닐 거야.'

그 사람과 연애하느라 청춘을 낭비했다는 생각이 들어 상대가 원망스럽고 후회될 때면 이렇게 생각을 전환해보자.

'상대방을 원망하고 후회하느라 더 많은 시간을 낭비하지 말고 앞으로 나 자신을 더 아끼고 사랑하자.'

이런 생각을 하는 순간 마음속의 스위치는 OFF에서 ON으로 전환된다. OFF를 선택하느냐, ON을 선택하느냐에 따라 결과는 완전히 다르게 나타난다. OFF를 선택할 경우 미움과 원망은 계속 마음속에 자리한다. 이러한 부정적 감정이 계속 자라다 보면 더 이상 억제할 수 없을 만큼 커져 상대방을 해치거나 심지어 자기 자신에게도 상처를 주게 된다.

첫 번째 상처는 타인이 내게 주는 것이다. 이것만으로도 충분히 고통스럽다. 그런데 우리는 상처를 받았다는 이유로 자기 자신에게 또다시 상처를 준다. 이 두 번째 상처는 앞서 타인이 자신에게 준 상처보다 훨씬 크다. 그러면서도 자기 자신을 탓하기보다는 모든 상처의 책임을 상대방에게 전가하고 원망한다.

첫 번째 상처는 피할 수 없는 경우가 많다. 그러나 두 번째 상처는 충분히 피할 기회와 능력이 있는데도 스스로 이를 방임해 결국 암세포처럼 온몸 구석구석으로 걷잡을 수 없이 퍼져버린다.

ON을 선택한다면 지금 당장 미움과 원망을 멈출 수 있다. 그리고 상처받은 만큼 더 나은 인생을 살고 싶다는 바람을 갖는다. 그래서 새로운 것을 배우고, 새로운 사람들을 만나며 새로운 가치관을 갖게 된다. 첫 번째 상처는 고통을 안겨줬지만 자기 자신을 아끼고 상처를 보듬어 더 나은 인생을 누려야겠다고 선택하는 순간 상처가 회복되고 다른 사람을 사랑할 능력도 생긴다.

진정 자기 자신을 아끼는 사람이라면 지나간 일에 감사하는 마음을 가질 줄도 알고 남을 위해 희생할 줄도 안다. 셰익스피어(William Shakespeare)의 말처럼 과거는 모든 일의 시작점이다. 첫 번째 상처는 이야기의 시작일 뿐이다. 그곳에서부터 아름다운 생명의 제1장이 시작된다.

성적이 안 좋게 나왔다면 좌절하고 의기소침해 있기보다는 이 일의 문제점을 발견하고 부족한 점을 보충할 기회로 삼자. 그리된다면 실패도 꼭 나쁜 것만은 아니다.

이때 마음속 스위치가 OFF 상태라면 공부를 다시 시작하고 싶은 마음이 들지 않을뿐더러 공부가 자신의 적성과 맞지 않는다는 의심을 하게 된다. 이리되면 결국 성적은 계속 떨어지고 그렇게 악순환이 이어진다.

스위치가 ON이라면 다음에는 더 좋은 성적을 받아서 이번 실패를 무마하겠다는 결심이 선다. 그래서 시험지상의 오답을 체크하고 원인을 분석한다. 개념을 몰라서였는지, 알면서도 덤벙거려서 나온 오답인지를 꼼꼼하게 분석한 다음 공부 계획을 다시 세운다.

마음속 스위치를 전환해 생각을 달리할 수만 있다면 아무리 고통스러운 일도 우리가 원하지 않는 한 진정한 상처를 줄 수 없다. 생각의 차이가 내 운명을 좌우한다는 사실을 반드시 기억해야 한다. 이러한 생각에 따라 스위치를 ON 또는 OFF로 했을 때의 결과를 상상해보자. 그러면 얼마 뒤 고민 없이 스위치를 ON으로 돌리게 될 것이다. 사실, 이것은 방 안의 전등 스위치를 누르는 것만큼 간단한 일이다. 일단 스위치를 누르고 나면 어둠 속에 숨어 있던 생명이 밝게 빛나는 것을 발견할 것이다.

다른 사람은 플러스, 나 자신은 마이너스

누군가가 이렇게 물었다.

"만약 제가 똑똑하지 못해서 마음속의 스위치를 찾지 못한다면 어떻게 하나요?"

예전에 우연히 한 고아원을 알게 되어 종종 방문해 아이들과 시간을 보내곤 했다. 그리고 얼마 안 되지만 아이들의 학비도 지원했다. 하루는 고아원의 원장 신부님이 전화를 걸어와, 내 도움으로 학교를 다니는 한 여학생의 이야기를 들려줬다. 그 아이는 원래 말도 잘 듣고 학교 성적도 우수한데 이번 학기에는 왠지 마음이 불안해 보이고 성적도 들쭉날쭉하다고 했다. 좋을 때는 반에서 3등 안에 드는데 어쩔 때는 뒤에서 3등이라는 것이다. 신부님은 아이가 내 책을 좋아하니 기회가 되면 아이를 만나 함께 이야기를 나눠달라 부탁했다.

그렇게 그 아이와 만난 나는 먼저 일상적인 이야기를 나누었다. 그러고는 잠시 뒤 아이에게 꿈이 무엇인지, 앞으로 어떤 계획을 갖고 있는지를 물었다. 그리고 분위기가 어느 정도 무르익었을 때 본론으로 들어갔다.

"신부님 말씀으로는 요즘 학교 성적이 올라갔다 내려갔다 한다던데? 무슨 일 있는 거니?"

아이는 아무 말이 없었다.

"기분이 안 좋니?"

내가 다시 물었다. 한참을 침묵하던 아이가 조심스럽게 말문을 열었다.

"제가 왜 공부를 해야 하는지, 누구를 위해서 공부를 해야 하는지 잘 모르겠어요."

"너를 아끼고 도와주는 분들이 계시잖니. 그분들이 너를 얼마나 사랑하는데……."

"하지만 저는 도움을 받고 싶지 않아요. 그분들께 보답할 방법도 없고……. 때때로 제 자신이 너무 쓸모없게 느껴져요."

아이의 눈에서 눈물이 흘러내렸다. 나는 휴지를 건넸다. 눈물을 닦는 모습을 보면서 나는 아이의 심정을 어렴풋하게나마 이해할 수 있었다.

"보답할 방법이 분명 있는걸?"

아이가 고개를 들어 호기심 가득한 눈으로 나를 쳐다봤다.

"나처럼 네게 관심을 갖고 도움을 주는 사람들이 가장 기대하는 게 무엇인지 아니?"

아이가 고개를 저었다.

"우리는 네가 잘 성장하기를 바란단다. 그리고 먼 훗날 훌륭한 사람이 되어 우리보다 더 많은 사람을 도와줄 수 있기를 바라지."

아이는 말없이 나를 바라봤다.

"이런 목표가 있다면 앞으로 공부를 열심히 할 수 있겠니?"

"네."

아이가 고개를 끄덕이며 말했다.

"열심히 공부할게요."

그날 이후 신부님은 아이가 다시 안정을 되찾은 것 같다고 말했다. 그리고 작년 여름, 아이와 다시 만나 밥을 먹었을 때 아이는 이미 한 대학교에 합격한 상태였다. 그리고 예전보다 훨씬 밝고 명랑해 보였다. 아이는 나중에 사회복지사가 되어 자신과 같은 아이들을 도와주고 싶다고 말했다.

나는 아이의 변화에 기분이 무척 좋았다. 그런데 한편으로는 이런 생각이 들었다. 아이는 다른 사람의 금전적 도움을 받으면서도 그 사실을 기뻐하지 않았다. 오히려 아이에게 힘을 실어준 것은 다른 사람을 도와주고 싶다는 생각이었다.

우리는 흔히 무엇인가를 얻고 소유하는 것을 기쁨의 근원이라고 생각한다. 그리고 이것으로 자기 인생의 성공과 실패 여부를 가늠하려고 한다. 그러나 아이는 내게 완전히 새로운 깨달음을 줬다. 사실, 아이의 경우 무엇인가를 얻고 소유하는 것이 더 이상 만족을 줄 수 없음을 깨닫고 타인에게 무엇인가를 베푸는 행위에서 문제 해결의 실마리를 찾았다.

한 친구의 어머니는 남편이 세상을 떠나자 깊은 슬픔에 빠졌다. 친구는 어머니를 기쁘게 해드리기 위해 맛있는 음식도 사드리고 함께 여행도 갔지만 소용이 없었다. 그러던 중 한 스님이 어머니에게 불경을 필사해보는 것이 어떻겠느냐고 제안했다. 그리고 그 공덕은 세상을 떠난 남편에게 돌리는 것으로 했다. 친구의 어머니는 건강이 허락하는 한 매일 불경을 필사하였다. 친구는 어머니가 이 과정을 통해 슬픔을 이겨내고 점점 안정을 되찾아갔다고 전했다.

또 다른 친구는 혈액암에 걸린 아이를 저세상으로 일찍 떠나보냈다. 슬픔에 빠져 있던 그녀는 문득 한 가지 결심을 했다. 매달 한 번씩 자신이 모은 돈을 들고 아이가 입원했던 병동으로

가 그곳에 있는 아이들과 신나게 노는 시간을 보내자는 것이었다. 그녀는 20년도 넘게 그 일을 계속했다. 그 일은 아이를 잃은 슬픔을 떨쳐주었고, 아픈 아이들과 시간을 보내는 동안 그녀는 자신이 아이와 계속 연결되어 있다는 느낌을 받았다고 한다. 그녀는 결국 더 많은 아이를 얻었고 마음의 안정을 찾았다.

나는 예전이라면 이해할 수 없었던 많은 이야기를 새로운 시각으로 바라보는 법을 배웠고 조금씩 이해하게 되었다. 이 또한 스위치를 OFF에서 ON으로 전환하는 과정일 것이다.

우리가 힘들고 괴로울 때 일반적으로 이런 괴로움은 굉장히 자기중심적이다. 내가 어떤 것을 얻고 소유했을 때 기쁨을 느끼고, 내가 어떤 것을 얻지 못하고 잃어버렸을 때 슬픔을 느낀다. 따라서 스위치가 OFF 상태일 때는 다른 가능성은 보지 못한 채 얻지 못한 것과 잃어버린 것을 만회하려고 노력할 뿐이다. 그러나 이러한 노력은 대부분 헛수고가 되게 마련이다. 그러다 보면 괴로움은 더욱 커질 뿐이고 계속 여러 방법을 시도하다가 자기 자신에게 더 큰 상처를 주고 만다.

하지만 남에게 베풀 때 느끼는 즐거움을 깨닫는 순간 스위치는 ON으로 서서히 전환된다. 스위치가 ON인 상태에서는 나의 힘으로 남을 보살피고 도움을 줄 수 있다. 그리고 이 과정에서 내가 그동안 얼마나 많은 것을 소유해왔는지 깨닫고 내가 가진 힘이 얼마나 큰 가치를 창조해낼 수 있는지도 알게 된다. 더 이상 초점이 나에게 맞춰져 있지 않기 때문에 얻지 못한 것 혹은 잃어버린 것에 대한 괴로움은 서서히 사라진다. 오히려 타인의 기쁨을 보면서 나 자신의 가치를 발견하는 것이다.

'다른 사람은 플러스, 나 자신은 마이너스.'

다른 사람을 돕다 보면 얻는 것이 많다. 그뿐만 아니라 다른 사람에게 베푼다는 마음가짐으로 인생을 살다 보면 언젠가 내가 베푼 것보다 얻은 게 많다는 사실을 깨달을 것이다. 마음이 괴롭고 일이 잘 풀리지 않을 때 최후의 수단으로 이 묘책을 사용해보길 바란다. 아주 단순한 생각이긴 하다. 하지만 내가 지금껏 살면서 힘들고 괴로울 때마다 생각지도 못한 엄청난 효과를 발휘해준 방법이고, 무엇보다 가장 큰 힘을 실어준 방법이다.

Chapter 5

긴장이 될 때는 어떻게 해야 할까?

"아버지는 강의를 하려고 무대에 설 때 긴장되지 않나요?"

어느 날 작은아들이 돌연 이런 질문을 던졌다.

"물론 처음에는 긴장되지만 시간이 지날수록 괜찮아진단다. 왜 그런 걸 묻는 거니?"

"다음 달에 학교에서 음악 발표회가 있는데, 제가 피아노 연주를 해야 하거든요. 그런데 무대 위에서 피아노 치는 모습을 수많은 사람이 지켜볼 거라고 생각하니 너무 긴장이 돼서요. 혹시 아버지도 이런 경험이 있나요?"

"물론 있지."

"그렇군요."

아이가 고개를 끄덕이며 조금은 안심이 된다는 표정으로 나를 바라봤다.

"그럴 때는 어떻게 하셨어요?"

"내가 해야 하는 일에 집중했단다."

"집중이요?"

내가 고개를 끄덕였다.

"집중해야 한다는 건 잘 알겠는데 그래도 긴장되고 걱정하게 되는 건 어쩔 수 없어요."

걱정은 공상일 뿐이다

1996년부터 나는 〈타이베이 ZOO〉라는 라디오 프로그램을 5년간 진행했다. 일종의 인터뷰 프로그램이었는데, 매주 게스트 한 명과 두 시간 동안 이야기를 나누는 형식이었다.

프로그램을 맡기 전에 강의도 여러 번 했었고 유사한 프로그램의 게스트로 출연한 경험은 있었지만, 진행을 맡는 건 그때가 처음이었다. 당시 내가 인터뷰한 게스트는 성엄 스님(聖嚴法師), 안무가 린화이민(林懷民), 무용가 뤄만페이(羅曼菲), 작가 보양(柏楊), 장쉰(蔣勛), 리야오(李敖), 화가 류치웨이(劉其偉), 배우 웨이룽하오(魏龍豪), 극작가 리궈슈(李國修), 기업가 옌창쇼우(嚴長壽), 정치가 장샤오옌(張小燕), 천수이볜(陳水扁), 마잉주(馬英九), 천뤼안(陳履安), 린이숑(林義雄) 등이었다. 나 같은 초보 진행자가 각 분야의 내로라하는 인사들을 인터뷰하다니! 나는 그들의 관련 자료들을 샅샅이 찾아 연구하고 질문지를 작성하는 등 철저히 준비했다. 그런데도 계속해서 이런 생각이 들었다.

'세상에, 아무것도 모르는 내가 각 분야의 고수들과 대화를 나눠야 한다니! 그것도 그들의 전문 분야에 대해서 말이다. 내가 너무 주제도 모르고 나서는 건 아닌가?'

또 이런 걱정이 들기도 했다.

'청중이 나의 무지함을 알아차리면 어쩌지?'

'다들 전문가인데, 내 질문이 너무 유치하다고 비웃으면 어쩌지?'

녹음이 이틀 앞으로 다가올 즈음이면 이런 불안 증세는 더욱 심해졌다. 물론 나의 불안한 태도는 프로그램의 질에도 영향을 줬다. 녹음한 테이프를 다시 들어보면 말투도 부자연스럽고 분위기도 딱딱했다. 나는 그럴수록 더 열심히 출연자들의 자료를 찾고 그들의 전문 분야를 공부했다. 그러나 아무리 많은 시간을 들여 공부를 해도 긴장과 불안감은 사그라질 기미가 전혀 보이지 않았다. 아니, 시간을 투자할수록 불안 증세는 더 심해질 뿐이었다.

얼마 후, 이제 정말 프로그램을 그만둬야겠다는 생각이 들 무렵 우연히 텔레비전에서 학자 출신의 진행자가 또 다른 학자를 인터뷰하는 것을 보게 되었다. 두 사람은 전문 분야가 같았기 때문에 이내 둘만의 대화에 빠져들었다. 화면 밖에서 그들을 지켜보고 있을 시청자들은 완전히 잊은 듯했다. 학술 토론회장 같은 지루한 화면을 보고 있자니 문득 이런 생각이 들었다.

'정말로 훌륭한 진행자라면 관중 혹은 청중과 마찬가지로 아무것도 모르는 입장에 서 있는 것이 맞지 않을까?'

아무것도 몰라야 호기심이 생기고 이러한 호기심이 있어야 청중이 정말로 궁금해하고 관심 갖는 질문을 던질 수 있는 법이다. 그러니 프로그램 진행자가 모든 것을 알고 있어야 한다는 생각은 처음부터 잘못된 것이었다. 진행자는 청중과 마찬가지로 '무지'한 입장에 서서 그들이 알고 싶어 하는 질문을 하는 것이 맞다. 즉, 나는 걱정하거나 불안해할 필요가 전혀 없었던 것이다. 내 두려움은 결국 잘못된 기대에서 비롯된 허상이었을 뿐이다.

"그러니까 제가 무대에 올라가 피아노를 칠 때 느끼는 긴장과 두려움도 현실과 무관한 허상일 뿐이라는 말씀이죠?"

아들의 물음에 나는 고개를 끄덕였다.

"대부분의 불안과 두려움이 사실은 비현실적인 기대가 만들어내는 것이지."

"하지만 그동안 정말 열심히 연습한 만큼 발표회에서 좋은 결과가 있었으면 좋겠어요. 지난 일 년 동안의 노력을 보여주는 거잖아요. 이러한 기대는 매우 현실적이라고 생각해요."

"'잔에 비친 뱀'이라는 이야기를 들어본 적 있니?"

옛날 진(晉)나라의 악광(樂光)이 집에 손님을 초대해 함께 술을 마셨다. 손님이 술을 마시는데 술잔에 뱀 한 마리가 있는 것을 보았다. 하지만 술은 이미 배 속으로 들어간 상태였다. 손님은 집에 와서 혹시 뱀의 독을 삼킨 것은 아닌지 걱정하다가 결국 병이 나고 말았다.

그 후로 한참이 지났다. 악광은 손님이 오랫동안 소식이 없자 걱정이 되어 그의 집을 찾아갔다. 자초지종을 들은 악광은 집에 돌아와 한참을 생각하다가 손님이 이야기한 뱀이 사실은 벽에 걸린 활이라는 사실을 깨달았다. 활이 술잔에 비쳐 뱀처럼 보였던 것이다.

그는 손님을 다시 초대해 지난번에 앉았던 자리에 앉게 하고는 그날의 상황을 재연해줬다. 손님은 사건의 진상을 알고 뛸 듯이 기뻐했다. 물론 그의 병은 싹 사라졌다.

"손님이 두려워한 뱀은 현실에 존재하지 않는 것이었단다. 그런데 어떻게 존재하지도 않는 허상의 뱀이 실제로 손님을 병 나게 한 것일까?"

"손님은 뱀이 실제라고 믿었으니까요."

"손님이 정말로 뱀의 독을 삼켰다고 믿는다면 의사를 찾아가 처방을 받은들 병을 고칠 수는 없을 거란다. 그렇지?"

"당연히 고칠 수 없죠. 뱀은 처음부터 존재하지 않았으니까요."

"손님은 어째서 한 치의 의심도 없이 뱀이 존재한다고 믿은 것일까?"

"그 뱀은 손님이 스스로 창조한 것이기 때문이겠죠."

"그렇단다. 그러니 손님이 직접 사실을 확인하는 것 외에 그의 근심을 해소할 방법이 없었던 것이지."

아들은 고개를 끄덕였다.

다시 진행자 이야기로 돌아가자면, 나는 진행자가 게스트들의 전문 분야에 대해 자세히 아는 것이 비현실적이라는 사실을 깨닫고 그동안의 근심과 불안을 되돌아보기 시작했다. 그러다 보니 모든 근심 뒤에 대응하는 기대가 숨어 있다는 사실을 발견했다. 이러한 기대는 모두 내 '자아'가 만들어낸 것이었다. 예를 들면, 나는 청중이 '나의' 무지함을 발견할까 봐 걱정했지만 사실 그들은 처음부터 내게 전문 지식을 기대하지 않았다. 또 나는 출연하는 전문가들이 '나의' 질문이 유치하다고 비웃을까 봐 걱정했지만 누군가를 비웃기 위해 프로그램에 출연하는 사람은 없을 것이다. 비웃기는커녕 게스트들은 청중과 원활히 소통하기 위해 나의 협조가 절실했을 것이다.

생각해보면 모든 기대의 출발점이 나 자신에 국한되어 있다 보니 시야가 좁아질 수밖에 없었다. 큰 그림을 보지 못하니 이러한 기대가 일을 더 잘하는 데 전혀 도움이 되지 않았던 것이다. 자기중심적인 기대에서 조금만 벗어나 타인의 기대 혹은 필요에 입각해 생각해본다면 사실 걱정할 일도, 불안해할 이유도 없다는 것을 깨닫게 된다.

"아버지 말씀이 맞아요. 하지만 지금 제 문제는 아버지가 라디오 진행을 맡았던 것과는 완전히 다르다고요. 제가 걱정하는 이유는, 이번 연주를 잘해야 지난 일 년 동안 열심히 연습했다는 것을 증명할 수 있기 때문이에요. 아버지는 내가 아닌 다른 사람들이 무엇을 기대하는지 생각해보라고 하셨는데 그게 무엇인지 잘 모르겠어요."

"그러니까 네가 지난 일 년 동안 열심히 연습했다는 걸 증명하고 싶다는 기대가 완전히 자기중심적인 기대라는 말이지?"

"발표회를 하는 목적이기도 하고요."

"더 높은 차원에서 문제를 생각해볼 수 있단다. 혹시 네가 처음 피아노를 배우려던 목적을 기억하니? 내 기억으로는 네가 네 감정을 음악을 통해 다른 사람들과 나눌 수 있다면 정말 행복할 것 같다고 말했던 듯싶은데? 맞지?"

"네."

"그런데 지금은 네 노력을 증명해 보이려고만 할 뿐 네가 말한 행복은 보이지 않는 것 같구나. 만약 피아노를 배우려는 동기가 변하지 않았다면 여기에서부터 다시 생각해보는 것은 어떨까? 네가 사람들과 공유하고 싶은 감정이 긴장과 불안은 아니겠지?"

노력만이
진실이다

잠시 후, 아들이 다시 나를 찾아왔다.

"진짜 중요한 질문이 있어요."

"그게 뭐니?"

"당장 다음 주에 무대에서 연주를 해야 하는데 아직도 음을 틀리는 곳이 있어요. 무대에 올라가서는 지금보다 더 긴장해 있을 텐데 그때도 틀리면 어떻게 하죠?"

"예전에는 음을 자주 틀렸을 때 어떻게 했니?"

"더 열심히 연습했죠."

"그럼 이번에는 어떻게 할 생각이니?"

"이번에도 더 열심히 연습할 거예요."

"그럼 계속 열심히 연습하면 되겠구나."

"에이, 뭔가 특별한 방법이 있을 줄 알았어요."

아이는 기대했던 대답이 아니어서 조금 실망한 것 같았다.

내가 웃으며 말했다.

"내 이야기를 더 들어보겠니?"

한때 자전거 교습을 받은 적 있다. 나를 가르쳐주던 코치의 자전거에는 크게 'Mirage(신기루)'라는 글자가 적혀 있었다. 나는 자전거에 적힌 'Mirage'가 미라지 전투기의 강인함 같은 것을 표현하고자 한 줄 알았지만 사실은 그렇지 않았다.

어느 날 코치는 나를 경사가 꽤 높은 산길로 데려갔다. 출발한 지 몇 킬로미터도 안 되어 나는 숨을 거칠게 몰아쉬기 시작했다. 모퉁이를 돌면 또 언덕길이 나왔고 겨우겨우 언덕을 올라 모퉁이를 돌면 또 다른 언덕이 기다리고 있었다. 그날은 자전거를 꽤 잘 타는 친구 하나가 동행했는데 그가 내게 말했다.

"힘내. 저 모퉁이만 돌면 이제 끝일 거야."

이제 마지막이라는 말에 나는 힘을 내어 달리기 시작했다. 그런데 막상 모퉁이를 돌고 나니 또다시 언덕이 나왔다. 친구가 거짓말을 한 것이다. 그 이후로도 모퉁이와 언덕은 계속 나타났고 친구의 장난도 계속되었다. 모퉁이를 돌 때마다 내가 느끼는 실망감은 이루 말할 수 없었다. 모퉁이를 돌면 끝도 없는 언덕이었고, 언덕을 오르고 나면 끝이 보이지 않는 구불구불한 길이 펼쳐졌다. 이제 그만 포기하고 싶다는 생각이 들 때쯤 앞서가던 코치가 내게 다가와 말했다.

"끝을 보고 달리지 마세요. 그건 신기루일 뿐이에요. 지금 내가 달리고 있는 길에 집중하세요. 이것만이 지금 내가 볼 수 있는 진실입니다."

신기하게도 '끝이 어디일까'라는 생각을 버리고 바퀴 밑에 땅을 보면서 페달을 밟자 언덕의 경사가 가파르게 느껴지지 않았다. 그리고 그렇게 조금씩 앞으로 나아가다 보니 어느새 산 정상에 도착해 있었다. 산 정상에서 아래를 내려다보니 믿기지 않을 만큼 정말 높이 올라와 있었다. 그 순간 코치의 자전거에 박힌 'Mirage'가 눈에 들어왔다. 나는 코치가 했던 말을 떠올리며 미소했다.

"그러니까 결과는 생각하지 말라는 말씀이죠?"

"그건 모두 신기루일 뿐이란다."

나는 코치의 말을 그대로 따라 했다.

"지금 내가 하고 있는 연주에 집중하는 것이 네가 볼 수 있는 유일한 진실이란다."

올림픽 수영 금메달리스트 마이클 펠프스(Michael Phelps)의 코치 밥 바우만(Bob Bowman)은 말했다.

"나의 훈련 철학은 '과정이 결과보다 중요하다'입니다. 과정은 우리의 능력으로 제어하고 결정할 수 있지만 결과는 대부분 다른 사람들이 어떻게 하느냐에 달렸기 때문입니다."

다시 말해 우리 힘으로 제어할 수 없는 부분까지 컨트롤하려고 드는 것은 어떤 일을 하는 데 도움이 되지 않는다는 의미다. 밥 바우만이 "과정이 결과보다 중요하다"라고 말한 것은 매일의 계획을 세워놓고 그날의 연습에 집중하다 보면 어느새 목표한 결과에 도달한다는 뜻이다.

우리 힘으로 제어할 수 없는 '목표한 결과'가 컨트롤 가능한 '계획'과 '매일의 연습'으로 바뀌고 나면 성공을 할 수 있느냐 없느냐 하는 걱정을 접을 수 있다. 즉, 매일 하는 실질적인 연습에 주의력을 집중시킬 수 있다.

시합이든 시험이든 중요한 사건을 앞두고 비슷한 경험을 해봤을 것이다. 우리가 제어할 수 없는 것을 생각할수록 지금 당장 해야 할 연습이나 공부에 집중할 수가 없다. 그러나 반대로 우리가 제어할 수 있는 과정에 집중하다 보면 좋은 결과를 내는 데도 도움이 된다.

경찰서장을 지낸 친구에게, 범인을 검거하는 과정에서 격한

몸싸움이 일어나면 죽을지도 모른다는 생각을 한 적 있는지를 물었다. 그 친구가 대답했다.

"우리가 하는 일의 특성상 죽음을 생각하지 않을 수는 없지. 우리는 임무를 성공적으로 완수하기 위해 철저한 계획을 세우고 모의 연습까지 해. 미리 세워놓은 계획을 철저히 지키면 임무도 성공적으로 끝낼 수 있고, 임무를 성공적으로 완수하면 부상자도 그만큼 줄일 수 있지."

결과가 확실하지 않은 도전을 할 때 내가 원하는 결과를 얻기 위해서는 '계획'을 세우고 매 순간 그것에 따라 행동하고 믿어야 한다. 밥 바우만은 "반복해서 자신의 성공을 리허설한다"는 말로 연습을 표현했다. 나는 그의 말이 굉장히 마음에 들었다. 연습이야말로 미리 성공을 경험할 유일한 방법 아닐까?

점수와
기대치

발표회 하루 전날 아들에게 물었다.

"준비는 많이 했니? 여전히 긴장되니?"

"아버지 말씀대로 가급적 결과는 생각하지 않고 있어요. 하지만……."

아들이 쓴웃음을 지으며 말했다.

"그래도 긴장이 되는 건 어쩔 수 없어요."

"어째서 그러니?"

"결과를 생각하지 않는 목적은 연주를 잘해서 좋은 결과를 얻기 위한 거잖아요?"

"그렇지."

"그러니까 스스로 결과를 생각하지 말자고 다짐하지만 결국 마음속으로는 계속 결과를 신경 쓰고 있는 거 아닌가요? 그러면 결과를 생각하지 않는 것이나 생각하는 것이나 다를 게 없는 거잖아요?"

대학 입시를 준비하던 시절, 수학은 내게 가장 골치 아픈 과목이었다. 당시 문제가 워낙 어렵게 출제되어 내가 시험을 치르는 해의 전년도 표준점수(평균점수 이상을 받은 사람의 총 평균)가 28점에 불과했을 정도다. 게다가 문제의 수는 적고 문제 하나당 차지하는 점수는 커서 시험 당일 컨디션이 얼마나 좋은지가 관건이었다.

언젠가 수학 모의고사를 치른 뒤였다. 수학 점수가 내내 좋은 편에 속했던 뒷자리 친구가 한숨을 내쉬며 말했다.

"이런, 완전 망했다."

내가 고개를 돌리며 물었다.

"왜 그래?"

"이번에 칠십 점도 안 나올 것 같아."

그가 울상을 지었다.

"괜찮아. 나보다는 잘 봤을 거야."

나는 서둘러 그를 위로하기 위해 말했다.

"나는 잘 나와봤자 사십 점 정도 나올 것 같은데……."

이렇게 나 자신을 희생해서 위로해주면 당연히 그의 기분이 나아질 거라고 생각했다. 그런데 그 친구가 이렇게 말하는 것이 아닌가!

"네 수준에서는 사십 점도 잘 본 거지."

나는 그 말을 듣는 순간 큰 충격을 받았다. 그리고 속으로 생각했다.

'네 말이 틀렸다는 걸 보여주고 말 테다!'

하지만 인생의 모든 일이 영화에서처럼 충격을 받아 결심을 한다고 해서 쉽게 변하는 건 아니다.

친구의 말은 그 후로도 계속 내 머릿속에 맴돌았다. 그러던 어느 날 생각이 조금 달라졌다. 그 말이 얼마나 충격적이었던가를 떠나 냉정하게 생각해보니 사실 아주 틀린 말도 아니었다. 전년도 평균점수에 비하면 40점도 결코 나쁘지 않은 점수였다. 다른 과목에서 점수를 잘 받는다면 이 정도 수학 점수로도 충분히 원하는 과에 지원할 수 있었다.

'그렇다면 그 사실을 기분 나쁘게 받아들일 이유가 있을까?'

생각을 바꾸고 나니 상황도 달라졌다. 만약 기대치를 100점으로 잡는다면 시험지를 받는 순간 모르는 문제들만 눈에 들어오면서 머릿속에 먹구름이 낄 것이다. 만약 계속해서 잘 풀리지 않는 문제가 나타난다면 그 먹구름은 순식간에 폭우로 변한다. 비바람이 몰아치고 천둥 번개가 치는 가운데 과연 누가 문제를 제대로 풀 수 있을까?

그러나 기대치를 40점으로 잡는다면 시험지에 모르는 문제가 절반 정도 되더라도 나머지 절반을 여유롭게 풀 수 있다. 절반만 제대로 풀면 목표를 달성하는 셈이다. 이런 목표라면 긴장할 일도 없지 않겠는가? 게다가 시험 시간이 80분이나 되는데 40점만 넘겠다는 기대를 한다면 '시간이 부족하면 어쩌나?' 하는 걱정 없이 여유롭게 문제를 풀 수 있을 것이다.

신기하게도 생각을 바꾸고 나니 시험지를 받았을 때 문제를 모두 풀어야 한다는 부담이 사라지고 점수에 대한 걱정도 줄었다. 그리고 아예 기대치를 0점으로 잡았을 때는 시험 자체가 보물찾기처럼 느껴졌다. 내가 풀 수 있는 문제를 찾으면 보물을 찾은 것처럼 흥분되었고 문제를 다 풀고 나면 굉장히 뿌듯했다. 나는 보물을 찾는 기분으로 문제를 하나씩 풀어나갔다.

마음이 안정되어서인지 시험 시간도 굉장히 천천히 가는 것 같았다. 시간이 많았기 때문에 머리도 잘 돌아갔다. 그래서 내가 풀 수 있는 문제들을 모두 풀고 예전 같았으면 시도도 해보지 않았을 어려운 문제들까지 살펴보았다. 꼭 풀어야 한다는 부담감이 없어서였는지 그 문제들이 생각보다 쉽게 풀렸다.

모든 결과를 받아들이는 것

"나중에는 점수를 잘 받았어요?"

아들이 물었다.

"사십삼 점을 받았단다. 하지만 그해 표준점수가 십팔 점이었으니, 나는 그 친구의 말처럼 내 수준에서 점수를 아주 잘 받은 편이었지."

"그러니까 결과를 생각하지 말라는 것이 아니라 기대치를 낮추고 어떤 결과든 받아들일 준비를 하라는 말씀이죠?"

"그렇단다. 발표회는 네가 지난 일 년간 연습한 성과를 보여주는 자리지. 성과를 평가하는 데 어떤 기준이 있을 수 있겠니? 발표회 결과에 만족하든 만족하지 않든 너는 연습을 계속할 테고, 연습을 계속한다면 점점 더 실력이 늘 거야."

아들이 잠시 생각하더니 말했다.

"정말 좋은 생각인 것 같아요."

"이런 생각을 갖는 것도 피아노를 연습하는 것과 마찬가지로 꾸준한 연습이 필요하단다. 앞으로 살면서 발표회에 나가는 것보다 더 긴장되는 일이 많을 거야. 그럴 때 이 방법을 생각하면 유용할 거란다."

아들이 미소를 지었다.

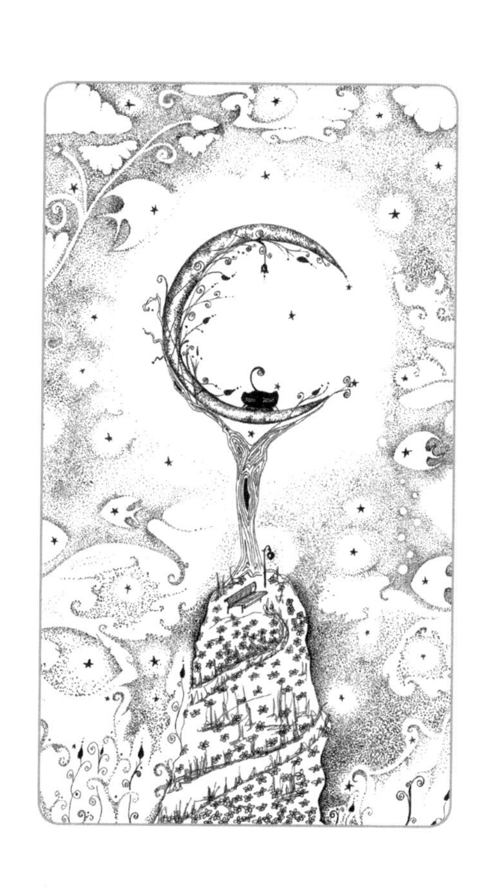

Chapter 6

새로운 인생을 살고 싶다면

초선차전이
내 인생에
어떤 영향을 줄까?

하루는 주제가 없는 좌담회가 열렸다. 형식도 매우 자유로워서 좌담회라기보다는 대화의 시간을 가졌다는 표현이 적당할 것 같다. 그날 여러 학교 학생들이 한자리에 모였다. 나는 짧은 강의를 마친 뒤 강의실에 모인 학생들에게 물었다.

"자, 질문 있는 분은 손을 들어주세요."

잠시 침묵이 이어지는데 강단 위에 올려놓은 스마트폰에 메시지가 도착했다는 진동 알람이 울렸다. 메시지를 확인해보니 운동 코치가 보낸 것이었다.

'철인삼종 경기 참가 정원이 얼마 안 되니 제가 먼저 신청해 놓을게요.'

나는 문득 좌담회에 오기 전 운동 코치와 나눈 전화 통화 내용이 머릿속에 떠올랐다.

"지금 농담하시는 거죠?"

내가 전화기에 대고 말했다.

"저는 고작해야 하프 마라톤에 참가해본 게 다예요. 달리기, 수영, 자전거 타기를 한꺼번에 해본 적은 단 한 번도 없어요."

"자전거는 어렸을 때부터 탔잖아요."

"그거랑은 다르죠. 사십 킬로미터나 달려야 하잖아요."

나는 걱정스러운 말투로 말했다.

"그리고 제 수영 실력으로는 천오백 미터를 수영하는 것도 불가능하다고요."

"아직 경기가 열리려면 삼 개월이나 남았어요. 수영 코치를 소개해드릴게요. 조금만 연습하면 문제없을 거예요."

"그게 말처럼 쉬운 일이 아니에요. 게다가 요즘 책을 쓰고 있어서 연습할 시간도 없고요……."

"아이고, 일단 등록해야 연습을 하겠군요. 연습할 마음만 있으면 시간은 얼마든지 낼 수 있어요."

"일단 생각 좀 해볼게요. 학생들과 좌담회가 있어서 가봐야 하니 끝나고 연락드리죠."

불과 30분 전의 일이었다. 나는 강의실에 들어가 학생들과 독서, 안목, 격식 등에 관한 이야기를 나누며 이 일을 잊고 있었다. 그러다가 문자메시지를 받은 것이다.

철인3종 경기에 대한 생각에 빠져 있을 때 이번 좌담회를 기획한 학생이 손을 들었다.

"선생님, 시간을 들여 학교 공부 외에 책 읽는 것이 앞으로 우리 인생의 구도를 짜는 데 정말로 도움이 될까요?"

"뭐라고요?"

나는 철인3종 경기에 빠져 있던 생각을 급히 몰아냈다.

"미안하지만 다시 한 번만 말해주겠어요?"

학생이 다시 한 번 질문했다.

"혹시 이 학생과 같은 의문을 갖고 있는 사람은 손을 들어볼래요?"

나는 너무 뻔한 질문이어서 아무도 손을 들지 않을 거라고 생각했다. 하지만 예상 외로 많은 학생이 손을 들었다.

"네, 손을 내려도 좋아요."

나는 애써 차분한 목소리로 다시 물었다.

"혹시 여러분 중 책 읽는 것이 앞으로의 인생 구도에 도움될지 의심하는 이유를 설명해줄 사람 있을까요?"

모두가 질문을 한 학생을 바라봤다.

"전공 책 같은 교과서를 읽는 것은 학위나 자격증을 따는 데 도움이 돼요. 그러니 앞으로의 인생에 굉장한 도움을 줄 게 확실해요. 그러나 교과서 외에 일반 책들의 경우 정말 도움이 될지 잘 모르겠어요. 《삼국지연의(三國志演義)》에 나오는 '초선차전(草船借箭, 제갈량이 짚으로 배를 만들어 적이 쏜 화살 10만 개를 얻었다는 이야기)'을 예로 들면 저는 이 이야기를 읽고 느낀 점이 두 가지가 있어요. 첫 번째는 제갈량(諸葛亮)이 정말 똑똑하다는 것이고, 두 번째는 빈 배를 띄워 적의 화살을 얻는다는 계획이 굉장히 창의적이었다는 것이에요. 그런데 문제는 첫 번째 느낀 점의 경우 세상 사람 누구나 아는 사실이니 별로 대단한 발견이 아니고, 두 번째 느낀 점의 경우 제갈량이 이미 한 번 사용한 방법이니 더 이상 사용할 수 없는 지략이라는 거죠. 그러니까 《삼국지연의》를 달달 외우도록 읽어서 얻은 지식이 여자들한테 잘난 척할 때는 유용해도 과연 인생의 큰 그림을 그리는데도 도움이 될까 하는 의문이 들었어요."

그는 말을 끝내고 '제 말이 틀렸나요?'라고 묻는 듯 다소 장난스러운 표정으로 자리에 앉았다. 나도 학생 시절에 선생님께 질문하면서 자주 그런 표정을 지었던 것 같다. 그런데 지금 내가 그런 표정의 학생을 마주하게 될 줄이야!

"음…… 그렇다면 책을 읽는 것이 인생의 큰 그림을 그리는데 도움이 된다고 생각하는 학생들은 방금 전 이 학생의 논지에 대해 할 말이 없나요?"

나는 이런 문제의 경우 먼저 학생들끼리 토론을 통해 답을 찾는 것이 좋겠다고 생각했다. 그러나 그 누구도 말을 꺼내지 않았다. 나는 계속 기다렸다. 강의실 안에는 계속해서 침묵이 이어졌다. 나는 학생들이 독서가 앞으로의 인생에 도움된다고 생각해서 손을 들지 않은 게 아님을 깨달았다. 그들은 그냥 손을 들지 않은 것뿐이다.

숨은 사고방식을 찾아라

물론 학생의 논점에 허점이 없는 것은 아니다. 독서에 대한 편협한 관점 때문에 나무만 보고 숲을 보지 못하는 실수를 저지르면 안 되는 법이다. 그러나 나는 학생들에게 조금 더 생각할 기회를 주기 위해 내 관점을 직접적으로 이야기하기보다는 먼저 나의 경험담을 들려줬다.

나는 대학생 시절 고등학교 2학년짜리의 과외를 맡은 적이 있다. 그 아이는 예전에도 여러 번 수학 과외를 받았지만 선생님들의 실력이 좋지 않아 모두 그만두었다고 했다. 그러니 그 아이의 과외를 맡는 것이 내게는 새로운 도전이었다.

그런데 과외를 시작하고 얼마 되지 않아 문제는 선생님의 실력이 아니라 아이에게 있다는 사실을 발견했다. 고등학교 2학년이라면 이미 입체기하학을 배우는 단계다. 그런데 아이에게 문제를 몇 개 풀도록 해봤더니 전혀 이해를 못하는 것 같았다.

나는 진도 나가는 것을 잠시 멈추고 평면기하학으로 돌아와 간단한 이차방정식 문제를 내줬다. 아이는 한참을 고민하더니 고개를 저었다.

"잘 모르겠니?"

내가 물었다.

"이런 건 학교에서 배운 적이 없어요."

나는 속으로 생각했다.

'그럴 리가 없을 텐데…….'

나는 공책에 간단한 일차방정식 문제를 적었다.

'3x+8=5, x는 얼마인가?'

내 기억에 이건 중학교 1학년 과정에 해당하는 문제다. 그러니 배운 적 없다고 말할 수 없을 것이다. 아이는 연필 꼭지를 깨물며 한참을 고민하더니 말했다.

"이것도 배운 적이 없는 것 같은데요?"

"그럴 리 없어. 잘 생각해봐. 분명 배운 거야."

아이는 또다시 한참을 생각하더니 말했다.

“학교에서 수학 선생님이 제대로 안 가르쳐줬어요.”

나는 순간 할 말을 잃었다. 잠시 후 내가 말했다.

“이렇게 하자. 중학교 때 교과서를 가져오면 기본부터 다시 알려줄게.”

“당장 내년에 대학입학 시험을 치러야 하는데 그럴 시간이 어디 있어요?”

그 후 나는 과외를 두 번 하고 결국 그 아이에게 해고당했다. 나 역시 그 아이가 말하던 ‘실력 없는 선생님’ 중 한 명이 된 셈이다.

이야기를 마치고 학생들에게 물었다.

“이 이야기를 듣고 어떤 생각이 들었나요?”

한 학생이 말했다.

“그 학생은 남의 말을 전혀 들으려고 하지 않는 것 같아요.”

“공부를 잘해보겠다고 과외 선생님까지 불러놓고 왜 선생님 말씀을 듣지 않았을까요?”

내가 물었다.

“선생님의 말은 듣지 않고 자신의 공부 방법만을 고집하는 거죠?”

“네. 맞아요.”

또 다른 학생이 손을 들고 말했다.

"과외를 받던 학생처럼 방금 전 질문을 한 학생도 마음을 열지 못하는 것 같아요. 《삼국지연의》를 읽을 때 자신만의 독서 방법에서 벗어나지 못하면 인생 구도를 짜는 데 도움이 되는 깨달음은 얻지 못할 거예요."

그러자 처음에 질문을 한 학생이 말했다.

"어떻게 마음을 열어야 한다는 거죠? 그리고 어떻게 책을 읽어야 도움이 되는 깨달음을 얻을 수 있나요?"

"'물고기'와 '물고기 잡는 법'의 차이인 것 같아요."

"《삼국지연의》를 읽는 것과 '물고기'와 '물고기 잡는 법'의 차이가 어떤 관련이 있다는 건지, 구체적으로 좀 설명해주세요."

질문을 한 학생이 도전적으로 물었다.

"글쎄요. 구체적으로 어떻게 설명해야 할지 잘 모르겠네요."

재미있는 토론이 벌어지기 시작했다. 나는 이 기회를 놓치지 않기 위해 얼른 나섰다.

"'물고기 잡는 법'을 예로 든 건 아주 좋았어요. 혹시 여러분 중 보충 설명을 해줄 사람이 있나요?"

강의실에 침묵이 흘렀다.

"이렇게 생각해봅시다. 여러분은 '물고기'와 '물고기 잡는 법'의 가장 큰 차이를 뭐라고 생각하죠?"

한 학생이 대답했다.

"물고기는 일회성이라면 물고기 잡는 법은 여러 번 반복해서 사용할 수 있어요."

"네. 맞아요. '초선차전' 이야기에서 제갈량의 계획은 한 번 사용하고 나면 다른 사람은 다시 사용할 수 없는 것이에요. 그렇죠? 그렇다면 여기에서 여러 번 반복해서 사용할 수 있는 것은 무엇일까요?"

강의실에는 또다시 침묵이 흘렀다.

"《삼국지연의》에 나오는 '공성계(空城計)*' 이야기를 알고 있죠?"

나는 혹시 모르는 학생들을 위해 공성계 이야기를 다시 한 번 들려줬다.

"아까 질문을 한 학생이 '초선차전' 이야기를 읽고 나서 두 가지를 느꼈다고 했어요. 제갈량이 똑똑하다는 것과 그의 계획이 굉장히 창의적이라는 것이었죠. 하지만 이 두 가지 모두 미

* 공성계 : 제갈량이 위나라를 치기 위해 군사를 모두 내보낸 사이, 위나라의 사마의가 대군을 이끌고 쳐들어온다는 보고를 받는다. 그러자 제갈량은 성문을 활짝 열고 성문 입구를 청소시켜 사마의를 영접하는 것처럼 꾸미고 자신은 누대에 올라가 거문고를 탄다. 성 앞에 도착해 이런 광경을 발견한 사마의는 분명 속임수가 있을 거라고 생각해 군사를 돌려 퇴각한다.

래의 인생 구도를 짜는 데 도움이 될 것 같지 않다고 했어요. 그렇죠? 그런데……."

나는 일부러 잠시 쉬었다가 말을 했다.

"제갈량의 두 가지 계획에 반복해서 사용된 사고방식은 무엇이었을까요?"

그때 쉬는 시간을 알리는 종이 울렸다. 이미 대답을 하기 위해 손을 든 학생도 있었지만 나는 그들에게 생각할 시간을 조금 더 주기로 했다.

"모두 곰곰이 생각해보세요. 반복해서 사용된 사고방식이 무엇이었는지…… 잠시 후에 다시 토론해보죠."

구도란 무엇인가?

나는 쉬는 시간을 이용해 스마트폰에서 '구도'라는 단어의 정의를 검색하기 시작했다. 검색 결과가 나오려는 순간 스마트폰 화면에 운동 코치의 이름이 떴고 나는 전화를 받았다.

"철인삼종 경기는 등록했습니다. 비용은 이천 위안이에요."

"잠깐만요, 제가 조금 더 생각해보겠다고 했잖아요."

"우선 등록을 한 다음에 다시 얘기해요. 안 그러면 정원이 다 차서 등록을 할 수 없어요."

"하지만 저는 백 미터 수영도 겨우 하는데요."

"수영이 어렵긴 하죠. 혹시 도움이 필요하면 제가 코치를 소개해……."

“잠깐만요, 기다려보세요. 저는 아직 마음의 준비가 안 되었단 말이에요. 조금만 더 생각해볼게요.”

코치는 자신이 가르친 수강생 중 하나가 나보다 나이도 많은데 3개월 훈련을 해서 경기를 무사히 마쳤다는 둥 나보다 체력이 좋지 않은 누구도 이런저런 방법을 동원해서 경기에 참가했다는 둥 이야기를 구구절절 늘어놓았다.

사람들의 이야기를 들어보니 철인3종 경기에 참가하는 사람들 중 열에 아홉은 이런 식으로 등 떠밀려 참가한다고 한다. 코치가 수강생을 격려하려는 마음은 잘 안다. 그러나 나처럼 운동과는 거리가 먼 사람에게 이건 보통 일이 아니다.

“조금만 생각할 시간을 더 주세요.”

“그래요. 생각해보세요. 하지만 어쨌든 등록은 해놓았어요. 만약 그때 가서도 참가하고 싶지 않으시면 비용은 제가…….”

전화를 끊은 뒤 나는 멍하니 스마트폰 화면에 뜬 구도의 정의를 살펴봤다.

구도(格局)

A : 구조, 구성, 짜임새, 배치.

B : 국면, 형세에 대한 이해. 즉, 사물이 처한 시공간적 위치와 미래의 변화에 대한 사람의 인식.

관성적 사고에서 벗어나다

나는 '구도'의 정의를 칠판에 적은 뒤 말했다.

"조금 전에 우리는 '초선차전'과 '공성계'에 대해 이야기를 나눠봤습니다. 그렇다면 제갈량의 서로 다른 두 가지 책략 속에는 어떤 공통적 사고방식이 숨어 있을까요?"

여러 명의 학생이 손을 들었고 나는 그중 한 여학생을 지목했다.

"제갈량은 관성적 사고에서 벗어나야 한다는 생각을 갖고 있었던 것 같아요."

나는 칠판에 '관성적 사고에서 벗어나다'라고 썼다.

"주유(周瑜)는 제갈량을 제거할 목적으로 사흘 내에 화살 십만 개를 구해 오라고 명합니다. 이때 주유, 노숙(魯肅) 등이 생각한 방법은 대나무, 깃털, 풀 같은 재료로 화살을 만드는 전통적인 방법이었을 겁니다. 그러나 그들과는 달리 제갈량은 상상력을 동원해 대담하고 새로운 방법을 생각해낸 거죠."

나는 곧이어 이렇게 물었다.

"관성적 사고에서 벗어나는 것이 여러분의 미래에 도움이 된다고 생각하나요?"

대부분의 학생이 고개를 끄덕였다. 그러자 처음 질문을 했던 그 학생이 손을 들고 말했다.

"관성적 사고에서 벗어나는 것이 앞으로의 인생에 도움이 된다는 말에는 동의합니다. 그런데 이와 비슷한 역사적 교훈이나 깨달음 등은 예전부터 수없이 들어왔습니다. 그건 여기 모인 친구들 모두 마찬가지일 거예요. 하지만 그렇다고 해서 우리의 사고방식이 정말로 그때와 달라졌나요? 우리의 인생 구도가 그때와 크게 변했나요? 그러니 결국 책을 많이 읽는 것이 실질적인 도움이 된다기보다는 그저 자기만족 아닐까요?"

내가 학생들에게 물었다.

"혹시 자신의 인생이 이러한 깨달음을 통해 크게 변했다고 생각하는 사람 있나요?"

이번에는 몇몇만 손을 들었다.

"흥미로운 문제네요. 여러분 거의가 '물고기 잡는 법'이 인생에 도움이 된다고 대답했어요. 그런데 책을 통해 여러 '물고기 잡는 법'을 배웠지만 인생의 구도는 크게 달라지지 않았죠. 그렇다면 결국 책을 읽지 않은 것과 마찬가지 아닌가요? 왜 이런 일이 생기는지 설명해줄 사람 있나요?"

얼마간의 침묵이 흐르고 한 학생이 조심스럽게 손을 들었다.

"수영 배울 때와 같은 것 같아요. 교실에서 수영 이론을 배우고 실제로 수영하는 동영상도 여러 번 봤지만 막상 누군가가 수영장에 무작정 집어넣으면 수영을 못하는 것처럼 말이에요."

"정말 좋은 예를 들었어요. 수영을 하는 것은 이론과 생각만으로는 부족하죠. 끊임없는 실천과 연습을 거쳐야만 이론과 생각도 자신의 일부분이 될 수 있어요. 그렇지 않다면 생각은 생각일 뿐이고 지금의 자신도 예전의 자신과 다를 바가 없는 것이죠. 자신의 생각과 자신 사이에 아무런 연결고리가 없다고 볼 수 있어요. 그렇죠?"

학생들이 고개를 끄덕였다.

"한편 이렇게 물을 수 있어요. '그럼 수영 이론을 배우는 것과 수영 동영상을 보는 것이 아무 도움이 안 되었다는 건가요?' 물론 그렇지 않습니다. 먼저 머릿속에 이론이 담겨 있어야 실전 연습도 할 수 있는 거니까요."

내 말이 끝나기 무섭게 한 남학생이 손을 들었다.

"어떻게 하면 저의 깨달음 혹은 생각을 실제 제 자신과 연결할 수 있을까요?"

"제가 막 여러분에게 하고 싶었던 질문이에요. 혹시 이 질문에 대답할 사람 있나요?"

"선생님께서 먼저 설명해주세요."

"그래요. 자신의 생각과 자신을 연결할 수 있는 가장 간단한 방법은 자기 인생에 도움이 된다고 생각하는 깨달음으로 현재의 자기 자신을 점검해보는 거예요. 자신의 습관 혹은 어떤 일을 처리할 때의 방법이나 결정 같은 것을요."

"주로 어떤 일을 말씀하시는 거죠?"

"어떤 일이든 상관없어요."

나는 질문을 한 학생의 머리를 바라보며 말했다.

"헤어스타일을 예로 들어보죠. 제갈량처럼 관성적 사고에서 벗어나 지금 자신의 헤어스타일은 괜찮은지 점검해보는 거예요. 혹시 왜 이런 헤어스타일을 하게 되었는지 물어봐도 될까요?"

그 학생은 자신의 머리를 쓱 매만지면서 말했다.

"글쎄요…… 그냥 단골 미용실에 가서 늘 하던 헤어스타일로 자른 건데요……."

나는 헤어스타일이 조금 독특한 남학생을 가리키며 물었다.

"혹시 저런 헤어스타일을 해야겠다는 생각은 안 해봤나요?"

남학생이 웃으며 고개를 저었다.

"제게는 그런 용기가 없어요."

이번에는 독특한 헤어스타일을 가진 남학생에게 물었다.

"학생은 왜 그런 스타일로 머리를 자르게 되었죠?"

"저는 남들과 똑같은 스타일이 싫었어요. 그런데 어느 날 한국 드라마를 보게 되었는데 이런 헤어스타일을 한 배우가 눈에 띄었어요."

"그러니까 남들과 다른 헤어스타일을 하고 싶었다는 말이죠? 알겠어요. 그럼 헤어스타일을 그렇게 바꾸고 나서는 어떤 생각이 들었나요?"

"요즘 이런 헤어스타일을 한 사람들이 점점 많아져서 조금 후회가 돼요."

"그럼 혹시 다음번에는 더 독특한 스타일로 머리칼을 자를 생각인가요?"

"아직 생각 안 해봤어요."

그 학생이 웃으며 옆에 있는 대머리 남학생을 가리켰다.

"이런 스타일도 괜찮은 것 같아요."

"왜 그렇게 생각하나요?"

"글쎄요. 멋있는 것 같아요."

대머리 남학생에게 물었다.

"학생은 지금 자신의 스타일이 멋있다고 생각하나요?"

대머리 남학생이 대답을 못 하고 머뭇거리는데 또 다른 학생이 신난 얼굴로 말했다.

"어떤 여학생한테 자기 고백을 받아주지 않으면 머리를 밀어버리겠다고 협박했는데 결국 거절당해서 머리를 민 거예요."

강의실이 온통 웃음바다가 되었다.

"여러분은 이런 헤어스타일이 멋있다고 생각하나요?"

"멋있어요!"

학생들이 이구동성으로 대답했다.

"헤어스타일과 관련해서 이보다 더 독특한 것, 남들과 다른 생각을 해본 사람이 있나요?"

침묵이 흘렀다. 나는 스마트폰 인터넷 검색창에 '머리카락 기부'와 '소아암'이라는 두 단어를 입력해 예전에 읽은 기사 하나를 찾아냈다. 기사 내용은 다음과 같다.

'초등학교 남학생 소아암 환자를 위해 머리카락을 기부하다.'

한 초등학교 5학년 남학생이 자신과 비슷한 또래의 소아암 환자를 돕기 위해 5세 때부터 머리를 기르기 시작했다. 남학생은 종종 여자아이가 아니냐는 오해를 받기도 했지만 자신의 결심을 굽히지 않았다. 남학생은 4년 동안 머리카락을 35센티미터나 길러 가발을 만드는 데 사용하도록 소아암협회에 기부했다. 남학생은 이 머리카락으로 자신과 나이가 같은 여아 소아암 환자에게 도움을 주고 싶다고 전했다.

"기사 속의 남학생, 정말 멋지지 않나요?"

"멋져요!"

학생들이 한목소리로 외쳤다.

"그러니까 어떤 관성적 사고를 벗어난 생각 혹은 어떤 깨달음이 자신의 인생에 도움이 된다고 느꼈을 때 첫 번째로 할 일은, 이러한 생각을 가지고 자신의 현재 생활을 점검해보는 것이랍니다. 방금 우리가 이야기한 것과 같은 헤어스타일뿐만 아니라 생활 전반의 태도, 흥미, 결정 등 모든 것을 말이죠. 이러한 생각과 현재 나 자신과의 차이는 무엇인지 알아보고 본받을 만한 사례는 어떤 것이 있는지 찾아보는 겁니다. 나보다 더 대단한 삶을 살고 있는 사람들을 발견하고 그들을 동경하다 보면 어느 순간 내 인생도 더 큰 그림 안에서 그들과 비슷한 방향으로 흘러가고 있지 않을까요?"

나는 칠판에 《논어(論語)》에 나오는 첫 번째 문구를 적었다.

'학이시습지, 불역열호(學而時習之, 不亦說乎).'

"자, 무슨 뜻이죠?"

"배운 것은 자주 꺼내어 반복해서 공부해야 하고, 반복해서 공부하다 보면 즐거움을 느낄 수 있다는 뜻입니다."

"네. 그것도 올바른 해석입니다. 그러나 조금 더 넓은 범위에서 생각해본다면 내가 배운 '깨달음'을 통해 자신이 살아온 인생을 '점검'해보고 생활 속에 적용해 반복해서 '연습'한다고 이해할 수도 있습니다. 이처럼 공자의 이 말을 우리가 지금까지 토론했던 내용에 적용해볼 수 있겠죠?"

항상 같은 미용실에서 같은 스타일로 머리를 자른다는 남학생이 손을 들었다.

"네, 말해보세요."

"훌륭한 일을 하며 사는 사람들을 보면 저도 그렇게 되고 싶다는 생각을 해요. 하지만 너무 힘이 들 것 같아 이내 포기해버려요. 그런데 문제는 나는 포기했는데 다른 사람이 성공한 것을 보면 배도 아프고 나 자신이 한심하다는 생각도 들어요. 어떻게 하면 포기하고 싶은 마음을 극복할 수 있을까요?"

또 다른 학생이 손을 들었다.

"저는 방금 말한 학생과 조금 다른 경우예요. 저는 남들과 다르게 생각하고, 남들과 다른 방식을 고집했어요. 사람들은 저를 이상하게 생각했어요. 그리고 그들이 예상한 대로 저는 실패하고 말았어요. 관성적 사고에서 벗어나 남들과 다른 생각으로 성공한 사람들도 있지만 그만큼 리스크도 아주 큰 것 같아요. 저는 그 후로 두려움이 생겨서 그냥 남들과 똑같이 생각하고, 똑같은 방식으로 살려고 해요. 그편이 훨씬 안전하니까요……."

관성에서
벗어나는 힘

나는 먼저 내 경험을 예로 들었다.

대학교 1학년 때 필수과목 중에 미적분이 있었다. 어렵게 중간고사를 치르고 며칠 후 점수를 확인해보니 43점이었다. 계산을 해보니 기말고사에서 77점 이상을 받지 못하면 내년에 재수강을 해야 할 상황이었다. 나는 그때부터 목숨 걸고 미적분을 공부했다. 그런데 얼마나 열심히 했던지 기말고사에서 생각지도 못하게 100점을 받았다.

"이것은 제 경험입니다. 그렇다면 제가 미적분을 목숨 걸고 공부할 수 있도록 한 힘은 무엇이었을까요?"

"두려움이요."

"맞아요. 재수강을 해야 할지도 모른다는 두려움은 나를 관성에서 벗어나게 해준 힘이었어요. 하지만 시험 때마다 두려움을 불러오기 위해 중간고사를 망칠 수는 없잖아요? 그러니 두려움은 진정한 힘이라고 볼 수 없어요. 그렇다면 두려움 외에 나를 관성에서 벗어나게 해준 진정한 힘은 무엇이었을까요?"

한 학생이 자신의 이야기를 들려줬다.

"저는 어렸을 때부터 바퀴벌레를 정말 무서워했습니다. 바퀴벌레만 보면 소리를 지르며 도망을 칠 정도였어요. 하루는 과사무실에 있는데 바퀴벌레가 나타났어요. 그때 사무실에는 저와 제가 좋아하는 여학생 둘만 있었어요. 그녀는 바퀴벌레를 보고 깜짝 놀라 제 손을 잡으며 등 뒤로 숨었어요. 저도 너무 겁이 나서 소리를 지르고 싶었지만 그럴 수 없었어요. 그리고 어디서 그런 용기가 났는지 갑자기 신문을 집어 들고 바퀴벌레를 힘껏 내리쳤답니다. 지금 생각해도 제 자신이 정말 놀라웠어요."

"이러한 힘은 무엇이라고 생각하나요?"

"영웅심이요!"

"사랑의 힘이요!"

"영웅심도 좋고, 사랑의 힘도 좋아요. 어쨌든 두려움에 비하면 훨씬 긍정적인 힘인 건 확실해요. 여러분도 동의하나요?"

학생들이 고개를 끄덕였다. 나는 늘 같은 스타일로 머리를 자르는 학생에게 물었다.

"한국 아이돌 같은 독특한 헤어스타일을 하기에는 용기가 부족하다고 했죠? 만약 좋아하는 여학생이 학생에게 그런 헤어스타일로 바꾸면 사귀겠다, 그러면 용기를 낼 수 있나요?"

그는 고개를 끄덕였다.

"물론이죠."

이번에는 대머리 남학생에게 물었다.

"머리를 밀기로 결심한 진짜 동기가 무엇이죠?"

대머리 남학생이 진지하게 대답했다.

"아마도 매일 머리를 보면서 내가 거절을 당했고, 더 이상 비현실적인 꿈은 꾸지 말자고 다짐하기 위해서였던 것 같아요."

"그러니까 마침표를 찍은 셈이네요?"

대머리 남학생이 고개를 끄덕였다.

"이러한 동기 역시 긍정적인 힘이라고 볼 수 있어요."

이번에는 독특한 헤어스타일을 가진 남학생에게 물었다.

"다음번엔 여성 암 환자를 위해 머리를 길러보는 건 어때요?"

"그렇지 않아도 아까 기사 이야기를 듣고 머리를 길러볼 참이었어요."

"자기 자신을 위해서든, 좋아하는 사람을 위해서든, 한 번도 본 적 없는 낯선 사람을 위해서든 긍정적인 바람은 이렇듯 큰 힘을 발휘할 수 있어요."

학생 모두가 고개를 끄덕였다.

"예전에 의대를 다닐 때 교과서들은 두꺼운 원서였어요. 우리 몸의 체계, 신경 조직, 질병 등에 관한 내용들이었죠. 내용도 어렵고 정말 재미없는 책이었죠. 그런데 신기하게도 인턴이 되고 본격적으로 환자를 보살피기 시작하면서 그때 그토록 지겨웠던 책이 흥미로울뿐더러 심지어 쉽게 이해가 되었답니다. 똑같은 책이고 나 역시 똑같은 사람인데, 무엇이 달라진 걸까요?"

"그 일을 하게끔 하는 힘이 달라서 아닐까요?"

한 학생이 대답했다.

"맞아요. 의대에 다닐 때는 시험 합격을 위해 공부했지만 의사가 되고 나서는 환자를 살리기 위해 공부했기 때문이에요. 다시 말해 피동적인 공부에서 능동적인 공부로 바뀐 것이죠. 여러분은 피동적인 것과 능동적인 것 중 어느 쪽 힘이 더 세다고 생각하나요?"

"능동이요!"

학생들이 이구동성으로 대답했다.

"그러므로 여러분이 책을 읽고 어떤 깨달음을 얻어 그것을 삶 속에서 실천했기 때문에 인생이 달라졌다고 말할 수는 없어요. 이것은 피동적인 거예요. 좋아하는 여학생과 사귀기 위해서든 아픈 사람을 돕기 위해서든, 먼저 새로운 인생에 대한 열망이 있어야 해요. 그러한 열망이 있을 때 달라지고 싶은 마음이 드는 거예요. 달라지고 싶은 마음이 있어야 새로운 방식을 찾는 거고, 새로운 방식을 찾은 다음 행동을 하게 되는 거랍니다. 반드시 여러분의 열망이 동력이 되도록 해야 합니다. 이러한 동력만이 온갖 역경을 이겨내고 목표에 다다를 수 있게 해줍니다. 진실한 열망이 없으면 새로운 인생도 있을 수 없습니다. 아시겠죠?"

때마침 강의 시간이 끝났음을 알리는 종소리가 울렸다.

"오늘은 집에 가서 무슨 일이든 찾아보세요. 정말 단순한 일도 괜찮습니다. 상상력을 발휘해보기 바랍니다. 그 일을 통해 자신이 진심으로 열망하는 새로운 인생을 상상해보세요. 여러분 모두 간절한 열망을 갖고 자기 자신과 새로운 인생을 연결할 수 있는 접점을 찾길 기원합니다. 다음에 기회가 된다면 여러분의 이야기를 또 듣고 싶네요."

"네!"

학생들이 큰 소리로 대답했다.

길을 걷다가 커다란 전광판 앞에서 나도 모르게 발걸음이 멈췄다. 한 운동선수가 땀을 흘리며 달리는 모습이 떠 있었다. 그

때 스마트폰이 울렸다. 운동 코치였다.

"철인삼종 경기에 일단 신청해놓았어요. ○○○를 만났는데 선생님도 참가한다고 하니까 굉장히 좋아하더라고요. 그럼 자기도 참가해야겠다고…… 그래서 제가 아직 고민 중이시라고 확실한 건 아니라고 말했어요."

전광판 광고 때문이었을까. 갑자기 머릿속에 철인3종 경기 결승선을 통과하는 내 모습이 그려졌다. 이것이 과연 내가 열망하는 새로운 인생 구도일까? 나는 잠시 침묵하다가 코치에게 말했다.

"수영 코치 좀 소개해주세요. 가능하면 이번 주말부터 수업을 받을 수 있으면 좋겠어요."

"정말이에요?"

코치가 의외라는 듯 물었다.

"네. 정말로요."

철인3종 경기 후기!
결과적으로 새로운 인생을 사는 것은 생각만큼 쉬운 일이 아니었다. 그 해 나는 철인3종 경기를 끝까지 소화하지 못했다. 하지만 그렇다고 완전히 포기한 것은 아니었다. 이듬해 가을, 타이둥(台東)에서 나는 난생 처음으로 철인3종 경기 결승선을 통과했다.

Chapter 7

문학 서적을 읽는 것이 고리타분한 일일까?

최근 몇몇 젊은이와 만날 기회가 있었다. 원래는 점심때를 이용해 강의에 관한 내용을 논의할 예정이었는데 이야기하다 보니 결국 질의응답 시간이 되어버렸다. 물론 나는 질문이라면 대환영이었다.

여러 질문과 대답이 오가고 나서 그들은 내게 평소 책을 많이 읽는지, 어떤 태도로 책을 읽는지 등에 관해 물어보기 시작했다. 나는 당연히 책을 본다고, 시시때때로 아주 다양한 책을 읽을뿐더러 심지어 책을 읽지 않으면 죽을지도 모른다는 생각을 갖고 있다고 대답했다.

그 뒤로 책 읽는 것과 관련된 일반적인 질문이 이어졌다. 이에 관해서는 앞서 충분히 말했으므로 또다시 언급하지 않아도 되지 싶다. 다만, 막 제대한 젊은이 하나가 던진 질문은 꽤 인상적이었다.

"군대에서 시간 날 때마다 소설을 읽었어요. 그런데 동료 병사들이 그런 저를 비웃더군요. 그런 문학 서적을 읽는 것은 너무 고리타분하다고 말이에요. 그들은 요즘 같은 세상에는 비문학 서적을 읽는 것이 훨씬 유용하다고 말했어요. 정말 그럴까요?"

지금까지 이런 질문을 한 사람이 없었기 때문에 나는 굉장히 흥미로웠다.

문학 서적이든
비문학 서적이든
책은 언제나 옳다

먼저 앞서 소개한 질문과 상관없는 이야기를 조금 하자면, 나는 문학 서적이든 비문학 서적이든 책이라면 모두 좋다고 생각한다.

지금까지 인류의 '읽기'에 대한 니즈는 줄곧 변함없이 컸다. 하지만 시간이 흐르면서 읽기 방식에 큰 변화가 생겼다. 과거에 비하여 오늘날의 읽기는 책보다는 인터넷 기기(컴퓨터, 스마트폰, PDA)나 영상 기기(텔레비전 등)를 통해 더 많이 이루어진다.

예전에는 책을 통하지 않고 지식 정보를 습득할 방법이 그리 많지 않았다. 전파 수단의 한계 상황에서 지식 정보를 얻으려면 독서할 수밖에 없었고, 그러니 자연히 독서 습관이 체화

될 수밖에 없었다. 그런 점에서, 더 많은 정보를 접하지 못한 것은 안타까운 일이지만 독서 생활화 차원에서 볼 때는 참 좋은 시절이었다.

이렇게 생각하는 사람도 있을 것이다. 어차피 똑같은 '읽기'인데 어떤 매체를 통해 정보를 습득하든 별 차이 없을 거라고 말이다. 하지만 단언하건대 아주 큰 차이가 난다.

먼저 작가의 입장에서 생각해보자. 작가에게 책은 무한히 표현할 수 있는 공간이자 자기 이야기에 공감해주는 독자를 만날 수 있는 최상의 루트다. 반면, 동일한 이야기 혹은 생각을 텔레비전이나 라디오 또는 기타 매체를 통해 전달할 경우 각 매체의 특성상 표현할 수 없거나 왜곡되는 내용이 생기게 마련이다. 나 같은 평범한 작가도 이런 생각을 갖고 있는데 하물며 자신의 생각을 완벽히 표현하고 싶은 작가들은 당연히 책을 선택하지 않겠는가. 그러므로 책을 읽지 않고 기타 매체에만 의존한다면 분명 놓치는 부분이 많을 것이다. 누군가 이렇게 물을 수도 있다.

"같은 작품이 영화나 드라마로 제작된다면 이런 것을 보는 편이 훨씬 재미있지 않나요? 책 읽는 시간도 줄일 수 있고 말이에요."

책이 영화로 만들어졌을 때 둘은 이미 다른 작품이라고 할 수 있다. 하지만 그것보다 더 중요한 이유는 출판되어 나오는 책 종수에 비해 영상물은 한계가 있다는 점이다. 책이 한 권 출판되는 것에 비해 한 편의 영화 혹은 드라마 제작에는 엄청난 돈과 인력이 필요하다. 그런 만큼 투자 대비 수익성 등 갖가지 항목을 따져야 한다. 그러한 검토 과정을 거쳐 최종 통과한 것만이 세상에 나올 수 있다. 실제로 2013년 타이완의 경우, 42,100권의 책이 출판되었지만 제작된 영화는 1,985편에 불과하다. 이러한 비율 차를 놓고 볼 때, 영상물로 책을 대신한다면 자신의 시야를 좁은 곳에 가두어버리는 것밖에 되지 않는다.

최근, 사회 문제 이야기를 나누자면 다들 뉴스나 신문에서 누군가 했던 이야기들을 똑같이 하고 있다는 생각이 든다. 실제로 인터넷 검색을 해보면 하루 이틀 전에 어떤 오피니언 리더가 했던 이야기를 그대로 인용하고 있다는 사실을 확인할 수 있다. 이것이 정말 자신의 관점인가? 이처럼 요즘 사람들이 정보를 얻는 원천은 텔레비전, 신문, 잡지 등으로 제한적이다. 그런데 이럴 때 남들과는 다른 굉장히 참신한 견해를 내놓는 이가 있다면, 내 경험상 그는 분명 책을 많이 읽는 사람이다.

독서 습관이 있는 사람은 더 넓은 세계의 정보를 얻을 수 있기 때문에 남들에게도 특별한 관점과 생각들을 전해줄 수 있다. 직장인이든 학생이든 만약 독서 습관이 몸에 배어 있다면 나는 그들이 각자의 영역에서 큰일을 해낼 것이라고 믿는다.

내면세계로의 여행

다시 처음의 문제로 돌아가 보자. 과연 비문학 서적에 비해 문학 서적을 읽는 것은 고리타분한 일일까? 나는 그에게 이렇게 물었다.

"당신이 고리타분하다고 생각하는 기준은 무엇인가요?"

"아마도 제 장래와 관련된 부분이겠죠."

"그렇다면 앞으로 여러분의 장래와 관련해서 왜 문학 서적을 읽는 것이 중요한지 설명해줄게요. 여러 이유가 있는데 크게 두 가지로 정리해볼게요. 여러분이 납득할 수 있는 이야기인지 들어보세요."

"네."

"사람 한 무리가 있어요. 그런데 그들 중 한 사람이 무리 안에서 굉장한 영향력을 발휘해요. 다른 사람을 설득하기도 하고, 변화시키기도 하죠. 이런 사람은 분명 앞으로 무슨 일을 하든 두각을 나타낼 수 있을 거예요. 여러분도 그렇게 생각하나요?"

모두 고개를 끄덕였다. 그러나 다들 '이것이 문학 서적을 읽는 것과 무슨 상관이지?' 하는 표정이었다.

"객관식 문제를 하나 낼게요. 누군가를 설득하거나 변화시키고 싶을 때는 어떻게 해야 할까요? A, 자신이 생각하기에 일리가 있는 의견을 내놓는다. B, 상대방이 생각하기에 일리가 있는 의견을 내놓는다."

모두가 B를 선택했다.

"A와 B의 차이는 무엇이라고 생각하나요?"

침묵이 흘렀다. 나는 그들에게 생각할 시간을 줄 겸 친구가 내게 해줬던 이야기를 들려줬다.

여러 검사가 끝난 뒤 의사는 어머니가 암에 걸렸으니 병원에 입원해 항암 치료를 받아야 한다고 말했다.

예전에 이모가 항암 치료를 받을 때 가족 모두 고통스러워하던 모습을 봐서 그런지 집에 돌아온 어머니는 병원에 입원도 하지 않고 항암 치료도 받지 않겠다고 말했다. 의사가 항암 치료만이 유일한 방법이라고 했기 때문에 나를 비롯한 형제들은 걱정이 되어 어머니를 설득하기 시작했다. 하지만 아무리 말해도 어머니는 뜻을 굽히지 않았다.

미리 잡아놓은 병원 입원 날짜가 다가오자 우리는 초조해졌다. 어머니를 계속 설득해봤지만 소용없었다.

"엄마, 왜 그렇게 고집을 피우세요? 치료를 안 받으면 어떻게 되는지 모르세요?"

"당연히 알고 있다."

"알고 계시면서 왜 자신의 생명을 소중하게 생각하지 않는 거예요?"

"내 생명이 너희가 준 것이니? 나는 내가 하고 싶은 대로 할 자유가 있다. 너희가 무슨 자격으로 이래라저래라 하는 거니?"

그러고는 방문을 쾅 닫고 들어가버렸다. 우리는 어떻게 해야 할지 몰라 서로를 멀뚱멀뚱 쳐다볼 뿐이었다.

다음 날, 출장차 중국에 갔던 아버지가 돌아왔다. 아버지는 짐을 내려놓자마자 그저 어머니를 꼭 안아주었다. 그러고는 말했다.

"우린 당신이 없으면 안 돼요. 그러니 꼭 다시 건강해져야 해요. 당신이 우리 곁을 떠난다는 건 상상도 할 수 없어요."

어머니가 조용히 눈물을 흘렸다. 아버지의 그 한마디로 인해 어머니는 마음을 바꾸었고, 다음 날 짐을 챙겨 병원에 입원하였다.

나는 이 이야기를 들려준 다음 다시 물었다.

"자신이 생각하기에 일리가 있는 것과 상대방이 생각하기에 일리가 있는 것의 가장 큰 차이를 찾았나요?"

잠시 후 한 사람이 입을 열었다.

"다른 사람의 감정을 이해하느냐 못 하느냐의 차이인 것 같아요."

"왜 그렇게 생각하죠?"

"어머니가 병원에 입원하도록 설득할 때 자녀들이 내세운 이유는 '자신의 생명을 소중히 생각해야 한다'는 것이고, 아버지가 내세운 이유는 '당신이 떠나면 우리가 너무 슬프다'는 것이었어요. 아버지의 말씀이 어머니 가슴에 더 와 닿았기 때문에 설득할 수 있었던 것 아닐까요?"

"어머니들은 자기 자신보다 가족들을 더 아끼고 사랑합니다. 그래서 자신이 죽는 한이 있더라도 항암 치료로 가족들을 힘들게 하고 싶지는 않았던 거예요. 하지만 아버지는 그런 어머니의 마음을 이해하고 있었기 때문에 그러한 마음에 초점을 맞춰 설득한 것이죠. 이처럼 다른 사람의 마음을 이해하면 그 사람을 변화시킬 수도 있어요. 이러한 것을 흔히 영향력이라고 하죠."

나는 얼른 질문을 던졌다.

"이러한 영향력은 어떻게 키울 수 있을까요?"

"문학 서적을 읽어야 합니다!"

한 남학생이 퀴즈 정답을 이야기하듯 큰 소리로 말했다. 나 역시 많은 문학 작품을 읽었지만 사실 어린 시절에는 이러한 문학 작품이 내 인생에 어떤 영향을 주는지는 이해하지 못했다. 그러다가 대학교에 입학해 시낭송 동아리에 가입하였는데 그 때부터 여러 시 작품을 접하게 되었다. 어느 날 시집을 읽다가 쑹훙(敻虹)의 시 '수문(水紋)' 한 구절이 눈에 띄었다.

> 상처는 벌써 미미해졌다. 저 멀리 떠나가는 배처럼, 잔잔해지는 물결처럼…….

당시 나는 실연의 아픔을 이겨내고 있는 상황이었는데 이 구절을 보면서 작가의 마음을 완전히 이해할 수 있을 것 같았다. 또 반대로 내 마음속 깊은 곳의 감정을 누군가가 이해하고 공감해주는 기분이었다. 문학 작품을 읽을 때 느끼는 이러한 감정은 말로 표현하기 힘들다. 마치 전기가 통한 것 같은 기분이랄까.

또 어느 날은 왕궈웨이(王國維, 청나라 말기·민국 초의 고증학자)의 시 '완계사(浣溪紗)'가 눈에 들어왔다.

> 높은 봉우리에 올라 밝은 달을 엿보려다 우연히 천안이 뜨여 속세를 바라보니 가련한 나 자신도 속세의 인간이로구나.

그 당시 나는 병원 실습 중이었는데 매일 병으로 죽어가는 사람들을 보며 마음이 내내 무거웠다. 그런 와중에 이 시구를 읽고 나니 환자들의 모습이 자꾸 떠올랐다. 그리고 이내 '언젠가 나도 감당해야 할 고통이다'라는 생각이 들자 눈가에 눈물이 맺혔다.

아마도 그 무렵 문학 작품만이 가지고 있는 특별함을 깨달았던 것 같다. 그것은 예전부터 타인의 마음속을 자유롭게 드나들고 싶은 내 바람과도 상통하는 것이었다.

우리가 어렸을 때부터 접하는 학문은 대부분 우리 자신 밖, 즉 외부의 것이다. 이러한 공부의 목적은 그 학문의 논리, 내용 등을 배우는 것이다. 그러므로 기존에 모르던 것을 알게 하고 이를 일상생활에 적절히 응용할 수 있도록 하는 것이 핵심이다. 그러나 이러한 공부 원리를 바탕으로 문학 작품을 읽는다면 작품을 아무리 정확히 이해하고 있다 한들 일상생활에 어떤 영향을 주는지 알 수 없을 것이다.

나 역시 과거에는 이런 생각을 갖고 있었다. 하지만 이후 문학 작품이 가진 가장 큰 매력은 '감동의 체험'이라는 사실을 발견했다. 사람은 인생 대부분의 순간을 자기 내면세계 안에서만 살아간다. 평소의 우리 내면은 작은 새장과 다르지 않다. 그런데 문학 작품에 빠져들어 등장인물들에게 감정을 이입하고 그들과 같이 기쁨, 분노, 걱정, 행복 등의 감정을 느끼며 웃고 울다 보면 우리 내면을 가두어놓은 새장은 조금씩 붕괴되고 어느새 사라져버린다. 그러면 자신의 내면에서 걸어 나와 다른 사람의 내면세계에 들어가 보기도 하고 다른 사람을 활짝 열린 자신의 내면으로 초대할 수도 있다. 이때 우리는 나 자신이기도 하고 다른 사람이기도 한 경이로운 경험을 한다.

나는 그때부터 문학 서적을 잡히는 대로 읽기 시작했다. 그리고 문학적 관점에서 내 생활을 바라보기도 했다. 문학이 내 인생에 영향을 주었는지, 내 인생이 문학에 대한 태도를 바꾸게 해주었는지 잘 모르겠지만 다른 사람의 마음이 어떨지 이해가 될 때마다 나는 문학이 가진 엄청난 힘을 느낀다. 나는 단순히 다른 사람의 감정 세계를 이해하고 공감할 수 있다는 것만으로도 우리 인생이 얼마나 크게 달라질 수 있는지 알게 되었다.

우리가 어렸을 때부터 익히 들어야 했던 부모님의 끊임없는 잔소리가 귀찮고 싫게 느껴진 이유는 아마도 부모님의 진심을 이해하지 못했기 때문일 것이다. 사실, 부모님이 정말로 하고 싶었던 말은 이 한마디였을 텐데 말이다.

"너를 정말 사랑해. 그래서 많이 걱정된단다."

만약 이러한 마음을 이해할 수 있었다면 부모님의 잔소리에 반항하기보다는 이렇게 말했을 것이다.

"네. 무슨 말씀인지 잘 알겠어요. 걱정해주셔서 감사해요. 제가 잘할 테니 걱정하지 마세요."

이렇게 말했다면 부모님도 안심하고 더 이상 잔소리를 하지 않았을지도 모른다.

어떤 직장에서 무슨 일을 하든 불평불만을 늘어놓는 사람은 꼭 있게 마련이다. 모두가 한마디씩 조언을 해보지만 나아지기는커녕 대부분 점점 더 부정적으로 변해간다. 이럴 때 그 동료의 진짜 속마음을 이해할 수 있다면 불평불만 대신 이런 말이 들리지 않았을까?

"나는 정말 최선을 다하고 있어요. 그런데도 잘 못하겠어요."

또는 처음 만났을 때부터 온갖 비난과 가르침을 늘어놓는 이가 있다면 더 이상 그 어떤 말도 듣고 싶지 않을뿐더러 점점 그 사람을 멀리하게 된다. 하지만 그의 입장을 헤아려보면 어쩌면 나에게 싫은 소리를 하는 진짜 속마음은 이렇지 않았을까 하는 생각이 든다.

"당신에게 거는 기대가 커요."

만약 상대방의 마음속 깊은 곳의 감정을 헤아려 응답할 수 있다면 일상생활의 문제든 감정 문제든 혹은 직장에서의 어려움이든, 더 나은 방향으로 해결하고 심지어 새로운 전기를 마련할 수도 있지 않을까? 이런 생각을 많이 했던 나는 한참 뒤, 작가가 되었다. 한번은 내게 사인을 해달라며 책을 들고 찾아온 여성 독자가 물었다.

"제가 너무 고민되는 일이 있는데 의견을 구할 수 있을까요? 지금 하는 일을 그만두고 해외 유학을 준비하고 있어요. 학교에서 입학 허가도 나왔고요. 그런데 막상 지금 하고 있는 일을 그만두려니 아깝기도 하고 유학을 다녀와서 이만한 직장을 구하지 못할까 봐 걱정이 돼요."

나는 책에 사인하던 것을 멈추고 고개를 들어 그녀의 얼굴을 바라보았다.

"유학 자금은 충분히 모았어요?"

"네."

"그럼 유학 가세요."

"하지만 다녀와서……."

"꼭 좋은 직장을 구할 수 있을 거예요. 만약 졸업하고 돌아와서 일을 구하지 못하면 나를 찾아오세요."

그로부터 2년 남짓 흐른 어느 날, 그 독자가 내게 편지 한 통을 보내왔다. 그녀는 먼저 자기소개를 하며 그날 우리가 나눴던 대화 내용을 상기시켰다. 그리고 자신은 영국 유학을 마치고 돌아와 새로운 직장에서 일하고 있다 전했다. 그녀는 마지막에 이렇게 적었다.

'정말 감사합니다. 그날 선생님과의 대화는 제 인생을 바꾸어놓았어요.'

나는 그녀에게 답장을 썼다. 새로운 출발을 축하하며 응원한다는 얘기 외에 사실 나는 그날 대단한 조언을 해준 게 아니라고 덧붙였다. 나는 단지 그녀가 원하는 것이 무엇인지 그녀 자신보다 명확히 알고 있었을 뿐이다. 당시 그녀에게 필요했던 것은 약간의 용기와 응원이었다.

편지를 쓰고 나서 이런 생각이 들기 시작했다. 만약 내가 다양한 문학 작품을 읽고 깨달은 바가 없었다면 그녀의 인생을 변화시켜줄 능력도 갖지 못했을 거라고 말이다.

언젠가 한 여행 잡지 인터뷰에서 기자가 내게 물었다.

"만약 어디든 마음대로 갈 수 있는 비행기 표가 생긴다면 어디에 제일 가보고 싶으세요?"

나는 이렇게 대답했다.

"만약 정말로 어디든 갈 수 있는 비행기 표라면 제 마음속과 다른 사람의 마음속을 마음껏 여행해보고 싶네요."

이 내용은 결국 잡지에 실리지 않았지만 독자에게 답장을 쓰면서 문득 기자의 질문이 머릿속에 떠올랐다. 그리고 그 순간 나에게 줄곧 그런 비행기 표가 있었다는 사실을 깨달았다. 나는 그동안 현실에서는 쉽게 들여다볼 수 없는 내면세계를 문학이라는 비행기를 타고 줄곧 여행을 다녀왔던 것이다.

이야기가 주는 깨달음

“그러니까 문학을 통해 다른 사람의 감정을 더 잘 이해할 수 있다는 말씀이죠? 그리고 이런 능력이 있으면 타인에게 더 큰 영향력을 발휘할 수 있고요. 제가 제대로 이해한 건가요?”

“정리를 아주 잘해줬네요. 고마워요. 하지만 한 가지만 보충할게요. 사람과 사람 사이의 관계는 아주 긴밀하게 연결되어 있어요. 그러니 다른 사람을 변화시키고 싶다면 우선 그 사람의 마음속을 이해하는 것도 중요하지만 무엇보다 나 자신이 먼저 변해야 해요. 무슨 말인지 알겠어요?”

“또 한 가지는요?”

한 젊은 친구가 말했다.

"네?"

"처음에 두 가지 이유가 있다고 하셨잖아요."

"내가 첫 번째 이유를 설명하는 동안 몇 가지 이야기를 들려줬는지 세어봤나요?"

사람들이 이야기를 세기 시작했다. 항암치료를 거부한 어머니 이야기, 어디든 갈 수 있는 비행기 표 이야기, 인생과 문학의 연관성을 발견한 이야기, 유학을 앞둔 독자와 만난 이야기. 모두 네 가지 이야기를 했다. 어떤 사람은 잔소리하는 부모, 불평불만을 하는 동료, 만나자마자 가르치려고 드는 사람의 이야기까지 셈에 포함시켰다.

"만약 내가 이런 이야기들을 건너뛰고 단도직입적으로 결론만 말했으면 어땠을까요? 방금 얘기했던 것처럼 '문학 작품을 읽으면 다른 사람의 내면을 섬세하고 깊이 있게 이해할 수 있어요. 그렇게 되면 타인에게 더 많은 영향력을 발휘할 수 있답니다. 그러니까 문학작품을 읽는 것이 고리타분하지 않아요.' 이렇게 말했다면 어땠을까요?"

한 남학생이 고개를 가로저었다.

"왜 고개를 저었나요?"

"그렇게 얘기하면 아무런 감흥이 없었을 것 같아요."

"하지만 여러 이야기를 들은 후에는 감흥이 일었고 이야기가 전하고자 하는 내용을 받아들일 마음이 생긴 거죠? 이처럼 이야기는 누군가의 관점을 다른 사람에게 전달하고자 할 때 가장 효과적인 다리가 될 수 있어요. 여러분도 동의하나요?"

모두 고개를 끄덕였다.

"좋아요. 그럼 한 가지만 더 이야기하죠. 조지 워싱턴(George Washington) 초대 대통령은 독립전쟁을 주도하며 미국이라는 나라를 만들었어요. 혹시 그 외의 조지 워싱턴에 대해 알고 있는 것이 있나요?"

한 젊은 친구가 말했다.

"아버지가 아끼는 벚나무를 잘랐어요."

모두가 웃음을 터뜨렸다.

"맞아요. 송나라의 역사가 사마광(司馬光)과 관련해서는《자치통감(資治通鑒)》을 집필한 것 외에 어떤 것을 알고 있나요?"

"그는 어렸을 때 친구가 항아리에 빠진 것을 보고 돌멩이로 항아리를 깨뜨려 친구를 구했어요."

"공자의 제자 재아(宰我)에 관해서는요?"

"수업 시간에 졸아서 공자에게 혼이 났어요."

"이들은 모두 굉장히 중요하고 대단한 업적을 남긴 인물들이에요. 그런데 왜 사람들은 이들과 얽힌 사소한 일을 더 잘 기억하고 있는 걸까요?"

"재미있는 이야기니까요. 재미있는 이야기는 사람들의 관심을 불러일으키고 쉽게 각인되어 깊은 인상을 남길 수 있어요."

"내가 얘기하고 싶은 두 번째 이유는 바로 이처럼 문학을 통해 자신을 표현하는 법을 배울 수 있다는 것이에요. 앞으로는 여러분이 문학 서적을 읽을 때 작가가 이야기를 들려주는 방식도 눈여겨보길 바라요. 그런 다음 이야기를 통해 자신의 관점이나 감정을 전달하는 법도 연습해보세요."

"다른 사람에게 들려줄 이야기가 없으면 어떻게 해요?"

내가 웃으며 말했다.

"정말 자신과 관련해 들려줄 이야기가 하나도 없나요? 그럼 정말 진지하게 지금까지 살아온 인생을 반성해보세요."

Chapter 8

어쩌면 나 자신을 잘 모르기 때문일지도

세 가지
이유

내 천성이 착해서인지 어렸을 때부터 친구들은 애정 전선에 문제가 생길라치면 나를 찾아와 하소연했다. 그 문제들은 저마다 모두 다른 것처럼 보이지만 내가 성심성의껏 분석하고 진심 어린 조언을 해줬을 때 나오는 결과는 대개 비슷했다.

사실, 문제를 제기한 친구는 내 조언에는 별로 관심이 없었다. 결국 내가 제안한 것과는 완전히 다른 방향으로, 그러니까 자기 의지대로 밀고 나갔다.

여전히 싱글인 친구 L의 떠들썩한 연애가 그 대표적인 예다. 그가 여자 친구와 싸웠다며 찾아올 때마다 나는 겨우 달래 두 사람을 화해시켰지만 머지않아 또 싸움이 일어나곤 했다. 나는 그럴 바에는 헤어지는 것이 어떻겠냐고도 말해봤지만 그러면 "헤어지기는 아깝다", "아직 사랑한다"는 등의 대답이 돌아왔다. 그래서 L과 그의 여자 친구 그리고 나 이렇게 세 사람은 같은 문제를 놓고 마치 놀이공원의 회전목마처럼 제자리를 맴돌았다.

"도대체 헤어지겠다는 거야, 말겠다는 거야?"

어느 날 L이 또다시 싸우고 찾아왔을 때 나는 버럭 소리쳤다.

"처음에 그녀를 좋아하게 된 가장 중요한 세 가지 이유를 적어봐!"

L이 황당한 표정을 지었다.

"뭘 적어보라고?"

"그녀가 좋았던 가장 중요한 세 가지 이유 말이야! 곰곰이 생각하고 적어봐."

"그 이유를 지금 왜 적으라는 거야?"

"나는 중요한 일을 시작할 때 먼저 그 일을 하기로 마음먹은 세 가지 이유를 적어놔. 나중에 그 일이 지겨워지거나 회의가 들 때 다시 볼 수 있도록 말이야."

"알겠어. 그런데 그다음은?"

"만약 다시 꺼내어 봤을 때 세 가지 이유가 모두 남아 있다면 아무 문제가 없지. 세 가지 중 두 가지가 남았을 때는 다시 한 번 시도해보는 편이야. 그런데 한 가지 혹은 한 가지 이유도 남지 않았다면 그때는 깨끗이 관두는 거야."

내가 계속 말했다.

"그리고 네가 그 세 가지 이유를 다 찾기 전에는 이 문제로 다시는 나를 괴롭히지 않았으면 좋겠다."

뜻밖에도 L은 그 자리에서 종이와 연필을 꺼내 세 가지 이유를 적어 내게 건넸다. 종이에는 이렇게 적혀 있었다.

첫째, 얼굴이 예쁘고 몸매가 좋아서!

둘째, 성격이 활발하고 열정적이어서!

셋째, 취미 혹은 좋아하는 것이 비슷했던 것 같은데 정확히 기억은 안 남.

L이 내게 물었다.

"이 세 가지 중에 지금은 몇 가지가 남았는지 알고 싶어?"

내가 진지하게 말했다.

"나한테 알려주는 게 중요한 것이 아니라 너 자신이 정확하게 아는 것이 중요해. 그리고 네 여자 친구한테도 똑같은 걸 물어봐. 그녀가 원한다면 두 사람이 함께 자신의 이유를 공유하고 이제는 그중 몇 가지가 남았는지 이야기해봐."

세 가지 이유보다
더 중요한
그 무엇

이후 두 달 정도 지났을까. L이 나를 찾아왔다.

"우리 헤어졌어."

"결심을 굳힌 거야?"

그가 고개를 끄덕였다.

"응. 싸우지도 않고 둘 다 아주 차분한 상태에서 결정했지."

"대체 어떻게 된 거야?"

"예전에 네가 세 가지 이유를 써보라고 했잖아. 하루는 그녀와 싸우고 집에 데려다 주는 길에 네가 알려준 방법을 이야기하면서 우리 관계를 진지하게 생각해볼 필요가 있지 않겠냐고 말했지. 그런데 그녀도 흔쾌히 동의하더라고!"

"그래서 어떻게 됐어?"

"그 후로 몇 주 동안 계속 만나기는 했지만 서로 그 일에 대해서는 이야기하지 않았어. 우리는 여전히 똑같이 싸우고 화해하기를 반복했지. 그런데 네가 말한 방법대로 세 가지 이유를 생각해본 이후 이상하게 내 마음도 조금씩 변하기 시작한 것 같아. 그러다가 어제 저녁에 그녀가 만나자고 하더니 먼저 헤어지자는 말을 꺼내더라."

"헤어지자는 이유가 뭐였어?"

"나를 좋아하게 된 세 가지 이유를 얘기하더라."

"그 이유가 이제는 하나도 남지 않은 거구나! 그래?"

L이 고개를 저었다.

"아니. 세 가지 이유가 여전히 다 남아 있대."

"그럼 너는?"

"나 역시 세 가지 이유가 모두 남아 있어."

"그런데 왜 헤어지기로 한 거야?"

"그녀는 아직 세 가지 이유가 모두 남아 있지만, 그럼에도 우리 사이는 점점 냉담해지고 있는 것 같다더라."

"너는 어때?"

"나 역시 그런 것 같아."

"그래서?"

"그녀가 이렇게 말하더라. 혹시 우리가 적은 이유가 틀린 것 아니었냐고 말이야."

"이유가 틀렸을 수도 있다고?"

"틀렸다기보다는 그 세 가지 이유보다 우리가 이해하지 못한 더 중요한 무언가가 있었던 것 아닌가 싶어. 내가 이 이야기를 했더니 그녀도 완전히 공감한다고 하더라. 우습게도 그때가 지난 몇 개월을 함께 보내면서 아주 드물게 마음 맞는 순간이었지."

나는 말없이 고개만 끄덕였다.

"그렇게 생각하고 나니 더 이상 싸우고 싶은 마음도 들지 않더라. 우리는 그 상태로 아주 평온하게 헤어졌어. 내가 생각해도 정말 놀라운 일이야……."

그는 잠시 말문을 닫는가 싶더니 다시 입을 열었다.

"고마워. 네가 알려준 방법, 정말 많은 도움이 됐어."

지금
나 자신에 대해
얼마나 알고 있을까?

나는 그렇게 한 커플의 이별을 지켜봤고 덕분에 한참 동안 평화로운 시간을 보낼 수 있었다. 그런데 솔직히 그 일이 과연 잘된 것인지, 아닌지 알 수가 없었다. 이후 나는 한동안 어린 시절 즐겨 부르던 노래 '네 가지 소망(四個願望, 작곡 링무춘[鈴木淳], 작사 선즈[慎芝])'을 흥얼거렸다.

나에게는 네 가지 소망이 있지. 사랑하는 사람을 만났을 때 네 가지 소망이 있지. 첫 번째는 향기로운 장미꽃 한 송이를 선물 받는 것. 두 번째는 반짝이는 별을 따다 주는 것. 세 번째는 산에 올라가 밝은 달을 보는 것. 네 번째는 함께 손을 잡고 해변

위를 걷는 것. 만약 당신이 내 소망을 들어준다면 나는 영원히 당신을 사랑하겠어요. 영원히 당신 곁에 있을 거예요.

나는 아무 이유도 없이 수시로 이 노래를 흥얼거렸다. 하지만 L이 내게 허락한 평화는 그리 오래가지 않았다. 그 후로 1년 사이에 L은 몇 번이나 여자 친구가 바뀌었다. 이제 그는 연애를 시작할 때마다 그녀를 좋아하게 된 세 가지 이유를 적었다. 하지만 그럼에도 그의 연애는 늘 안타깝게 끝났다.

어느 날, 나도 모르게 노래를 흥얼거리다가 갑자기 멈추었다. 물론 작사가는 이 노래를 통해 처음 사랑에 눈을 뜬 소녀의 귀여운 마음을 표현하고 싶었겠지만 나는 조금 더 깊이 분석해 보고 싶은 충동이 들었다. 나는 이렇게 생각하기 시작했다.

'저 네 가지 소망(이유)을 안고 사랑하는 사람을 찾는 소녀가 행복할 확률은 0에 가깝지 않을까?'

왜냐하면 행복에 관해 소녀의 마음속에는 네 가지 낭만적인 소망보다 더 중요하게 생각하는 요소가 있을 것이다. 그녀 자신도 생각해보지 않은 문제일 수도 있다. 이러한 상황에서 네 가지 소망에 부합하는 완벽한 연인을 찾는다 해도 과연 행복할 수 있을까?

'인간은 만물의 척도다.'

그리스의 철학자 프로타고라스(Protagoras)의 말이다. 그런데 만약 척도에 대한 인식이 잘못되었을 때 혹은 척도가 왜곡되었을 때 이러한 척도로 세상을 측정한다면 결과 역시 틀어질 수밖에 없다. 마찬가지로 자기 자신을 돌아보지 않고 제대로 이해하지도 못한 채 외적인 것만 추구한다면 과연 행복해질 수 있을까?

그런데 가장 큰 문제는 우리가 자기 자신에 대해 잘 알지 못한다는 데 있다. 얼마 후 L이 새 여자 친구라며 사진을 들이밀었다.

"나 이번에 세 가지 이유에 대해 정말 곰곰이 생각했어. 예전과는 완전히 달라졌어."

"그래?"

나는 속으로 그 정도 고민해봤으면 다행이라고 생각했다. L은 신이 나서 말했다.

"세 가지 이유가 뭔지 한번 들어볼래?"

그 순간 나도 모르게 대답했다.

"아니."

Chapter 9

사물의 본질로 돌아가다

한 강연회에서 젊은 여의사가 내게 물었다.

“의사로 일하다 보면 육체적으로, 정신적으로 정말 힘든 순간이 많아요. 어떻게 하면 환자에 대한 열정을 잃지 않을 수 있을까요?”

“내 곁에 소중한 사람이 도움을 필요로 할 때 내 능력으로는 도움을 줄 수 없는 일도 있어요. 하지만 지금 눈앞에 있는 환자에게는 언제든 도움을 줄 수 있어요. 이때 그들 역시 누군가에게 소중한 사람이라는 걸 기억하세요. 천사는 우리의 부름에 늘 응답하는 것은 아니지만 우리는 언제나 다른 사람의 생명을 구하는 천사가 될 수 있답니다.”

나는 대답을 마치고 그녀에게 물었다.

“어때요? 도움이 되었나요?”

“문제는 주변 사람들이 모두 자기 자신만 생각한다는 거예요. 책임을 미루고 회피하고…… 그럴 때마다 좌절감을 느껴요. 왜 나만 다른 사람을 도와야 하는 거죠?”

그녀의 심각한 표정을 보고 있자니 얼마 전 한 스님과 나눴던 대화가 떠올랐다. 나는 그녀에게 물었다.

“혹시 의사라는 직업의 본질을 생각해본 적 있나요?”

눈을 동그랗게 뜬 그녀가 이해할 수 없다는 듯 되물었다.

“본질이요?”

소유하느냐,
내주느냐?

강연회가 있기 얼마 전 한 스님과 대화를 나누다가 아주 중요한 결론을 얻었다. 예전에 듣기로 스님은 한 번에 스무 명도 넘는 신도들의 인생 고민을 모두 해결해줬다고 한다. 나이는 나보다 어리지만 모든 질문에 침착하고 조리 있게 답변을 해 사람들의 감탄을 자아냈다고 한다. 그래서 나는 줄곧 스님과 단독으로 대화를 나눌 날만을 기다렸고 기회가 오자 그동안 하고 싶었던 질문들을 쏟아냈다.

"혹시 전혀 경험이 없는 분야이거나 도대체 어떻게 대답을 해줘야 할지 모르는 질문을 받아본 적 있습니까?"

스님은 자신이 처음 신도들의 질문을 받게 된 날의 이야기를 꺼냈다.

"그때 저는 지금보다 훨씬 젊었어요. 어느 날 스승님이 편찮으셔서 부득이하게 제가 다음 날 법좌에 앉아 신도들의 질문을 받게 되었어요. 저는 부처님께 그날 제 임무를 무사히 마칠 수 있도록 도와달라 빌었어요. 걱정이 많이 되었지만 한편으로는 부처님이 도와주실 테니 분명 아무 문제도 없을 거라고 생각했죠. 그런데 다음 날 처음 받은 질문이 뭐였는지 아세요? '스님, 남편이 바람을 피웠어요. 어떻게 하면 좋죠?' 였지요."

나는 스님의 이야기를 듣고 웃음이 나왔다.

"그래서 외도 문제에 대해 어떻게 대답해주셨나요?"

"저는 전혀 경험해보지 못한 일이기 때문에 할 수 없이 불경에 나오는 내용을 바탕으로 대답해줬지요."

"불경에 외도와 관련된 내용도 나오나요?"

스님이 고개를 끄덕였다.

"먼저 그녀에게 남편을 사랑하느냐고 물었어요. 그랬더니 사랑한다고 하더군요. 내가 다시 물었어요. '사랑의 목적에는 두 가지가 있는데 첫 번째는 소유함으로써 자기 자신을 만족시키는 것이고, 두 번째는 내줌으로써 상대방을 즐겁게 해주는 것입니다. 당신의 사랑은 소유하는 것입니까, 내주는 것입니까? 이 중 어떤 것이 당신을 진심으로 행복하게 해줄 것 같나요?' 하고 말이지요."

스님의 말씀을 듣다 보니 문득 예전에 담당했던 환자가 떠올랐다.

사물의 본질로 돌아와
생각하다

몇 년 전 병원에서 일할 때, 암 말기에 이른 여성 환자가 남편의 외도 사실을 알고 손목을 그어 자살을 시도했다. 물론 의료진에 의해 목숨을 구했다. 내가 병실을 찾아갔을 때 그녀는 여전히 마음을 추스르지 못하고 있었다.

"저는 모든 것을 잃었어요……."

나는 어떤 말을 해줘야 할지 몰랐다.

"남편 분을 굉장히 사랑하시나 봐요?"

나는 이 바보 같은 질문을 던져놓고 곧바로 후회했다. 그 환자 역시 내 질문에 조금 당혹스러워하더니 이내 울음을 멈추고 고개를 끄덕였다.

굉장히 어색한 침묵이 이어졌다. 그 순간 무슨 말이든 해야겠다고 생각한 탓인지, 아니면 의사로서 환자에게 현실을 냉철히 알려줘야 할 책임이 있었다고 생각한 탓인지 내 입에서 전혀 뜻밖의 말이 튀어나왔다.

"어차피 환자께서는 곧 이 세상에 없을지도 모르잖아요. 남편을 진심으로 사랑한다면 옆에서 돌봐줄 사람이 생겼다는 게 오히려 다행이지 않을까요?"

환자는 경악한 표정으로 나를 바라봤다. 나는 뒤늦게 이런저런 위로의 말을 했지만 그녀는 여전히 큰 충격을 받은 눈치였다.

병실에서 나온 이후 나는 마음이 계속 무거웠다. 그리고 혹시 내가 한 말 때문에 환자가 또다시 나쁜 마음을 먹을까 봐 두려웠다. 그날 저녁 나는 간호사실에 전화를 걸어 환자의 상태를 잘 살펴봐달라고 부탁했다.

다음 날 회진을 돌 때 특별히 그 환자와 더 많은 이야기를 나누었다. 그녀는 내가 하는 질문에 진지하게 답했고 마치 아무 일도 없었다는 듯 행동했다.

그 후 일주일쯤 지났을까. 병실에 들러 진통제 투여량을 확인하고 있는데 그녀가 갑자기 말을 꺼냈다.

"지난번에 제게 했던 말을 곰곰이 생각해봤어요. 그리고 어제 남편과 약속을 잡아 이야기를 나눴어요."

"이야기를 나누다니요?"

"선생님께서 했던 말을 남편한테 전한 다음 진지하게 말했어요. 나는 곧 이 세상을 떠날 텐데 당신을 돌봐줄 누군가가 곁에 있어서 정말 기쁘다고……."

"남편이 뭐라고 하던가요?"

"그냥 아무 말 없이 눈물을 흘렸어요."

그녀의 눈에서도 눈물이 흘렀다. 나는 얼른 휴지를 건넸다.

"며칠 뒤 남편이 갑자기 무릎을 꿇고는 계속 미안하다고, 용서해달라고 빌더라고요. 나는 모두 내 잘못이라고, 이런 병에 걸려서 정말 미안하다고 말했어요. 그리고 새로 만나는 아가씨를 데려왔으면 좋겠다고, 그녀를 만나면 당신을 잘 보살펴달라 부탁하고 싶다고 말했어요."

병실을 나오는데 기분이 아주 이상했다. 애초에 환자에게 그런 말을 꺼냈을 때는 결과가 이렇게 될 줄은 전혀 예상치 못했으니까.

나중에 환자의 남편은 정말로 새로 만나는 아가씨를 데려왔다. 그녀는 자신이 떠난 후 남편을 잘 보살펴달라고 부탁했다. 평범하고 선량해 보이는 그 아가씨는 이후에도 몇 번 그녀의 병실로 찾아왔다.

한 달 후, 환자는 세상을 떠났다. 임종 며칠 전 그녀가 내게 말했다.

“선생님께 정말 감사드려요. 선생님이 아니었다면 제게 남은 소중한 시간을 남편과 싸우고 하루 종일 울기만 하면서 보냈을 거예요. 이제 아무런 미련 없이 떠날 수 있을 것 같아요.”

나는 그녀의 손을 꼭 잡았고 어느새 내 눈에서 눈물이 흐르고 있었다.

내 이야기를 듣고 나서 스님이 말했다.

“무슨 일이든 본질로 돌아가 생각하는 것이 아주 중요해요.”

그날 대화를 통해 ‘본질’이라는 화두가 그렇게 나왔다. 내가 호기심 가득한 얼굴로 바라보자 스님이 계속 말했다.

“인생에 어려운 순간이 닥치거나 중요한 선택을 해야 할 때, 경험에 의존하는 것도 좋지만 경험보다 중요한 것은 문제의 본질로 돌아가는 겁니다. 본질에서부터 생각하고 선택하는 것이죠. 누군가를 사랑할 때 사랑의 본질이 무엇인지 생각하고, 지금 하고 있는 일에 권태를 느낄 때 직업의 본질이 무엇인지 생각하고, 자신의 결정이 불안할 때 그러한 결정의 본질이 무엇인지 생각하는 거예요. 본질로 돌아가 생각하는 것은 선택의 순간에 중요한 기준이 됩니다. 이러한 기준이 있을 때 자기 결정에 확신을 가질 수 있어요.”

내 인생의 주인은 바로 나

"본질이요?"

"본질이란 시작점을 의미해요. 즉, 내가 어떤 일을 시작하게 된 가장 중요한 이유라고 할 수 있습니다."

젊은 여의사는 여전히 이해가 되지 않는다는 표정을 지었다. 나는 앞서 언급했던 스님과의 대화를 그녀에게 들려줬다. 그러고는 물었다.

"본질로 돌아가 생각해봅시다. 선생님이 의사가 되기로 결심한 이유는 무엇이죠?"

"환자를 돕고 싶어서요."

"이것이 선생님 인생에서 진심으로 하고 싶은 일이 맞나요?"

그녀가 고개를 끄덕였다.

"만약 선생님이 진심으로 환자들을 돕고 싶다면 주변 사람들이 자기 자신만 생각하고 마음대로 행동하는 것이 본질에까지 영향을 미칠까요?"

"하지만……."

그녀는 잠시 생각하더니 말을 했다.

"주변에 어둠의 기운이 너무 강한 것 같아요."

대부분의 사람은 세상이 자신에게 던져준 문제들에 피동적으로 반응한다. 그러다가 결국 주변의 부정적인 감정들에 휩싸여 사물의 본질을 보지 못한다.

"어둠의 기운이 강할 때 천사의 밝은 빛은 더 쉽게 눈에 띄는 법이에요. 어쩌면 최악의 순간처럼 보이는 지금이 가장 좋은 때일 수도 있어요. 선생님은 선생님 인생의 주인이 되고 싶은가요? 아니면 주변에 제멋대로 구는 사람들이 선생님 인생의 주인이 되도록 놔두고 싶은가요?"

나는 그녀의 앞날을 진심으로 응원했다.

Chapter 10
우리는 모두 '문턱값' 3의 사람들이다

"많은 사람이 어린 시절 그때, 어른이 되면 반드시 세상을 변화시키리라는 꿈을 꿉니다. 그러나 대부분 자라면서 그 꿈과 조금씩 멀어집니다. 사회는 우리에게 근시안적인 사고로 눈앞의 이익만 따르도록 가르칩니다. 무엇이 문제인지 알지만 행동할 용기가 없습니다. 선생님은 세상을 변화시키고 싶다는 생각을 해본 적 있나요? 어떻게 하면 간단하지만 효과적인 방법으로 이 세상을 변화시킬 수 있을까요? 어떻게 하면 이상과는 정반대 방향으로 흘러가는 세상에 열정을 잃지 않을 수 있을까요?"

이는 2012년 여름에 열린 좌담회에서 한 독자가 던진 질문이다. 그는 내게 세상을 변화시킬 방법을 물었다. 사실, 그날 좌담회에서 이와 비슷한 내용의 질문을 한 독자가 꽤 많았다.

나는 요즘 젊은이들이 내가 젊었을 때 관심을 가졌던 문제를 놓고 똑같은 질문을 하는 것에 좀 놀랐다. 세상이 참 많이 변했다고 한다. 그러나 아무리 세월이 흘러 시대가 변할지라도 사람이 관심을 갖는 문제는 크게 달라지지 않는 듯하다. 물론 세대를 뛰어넘어 중복되는 문제 대부분은 쉽게 답을 구할 수 없는 것들이다.

나는 독자의 질문을 받고 과거의 일들을 떠올렸다.

세상은 변할 수 있다

대학교 4학년 때 처음으로 의학을 포기하고 외국에 나가 영화를 공부하고 싶다는 생각이 들었다. 이러한 생각은 예상대로 가족들의 거센 반대에 부딪혔다. 나는 어머니께 창작에 대한 열망을 털어놓았고 어머니는 거듭 현실의 냉혹함을 강조했다. 그러나 어머니도 나도 서로를 설득하지는 못했다.

어느 날 어머니가 내게 말했다.

"의사가 되면 아무리 실력이 없어도 사람 목숨 하나는 살리지 않겠니?"

나는 그 말에 동의했다.

"그런데 영화는 어떠니? 영화 속에 나오는 낭만적인 러브스

토리는 젊은 남녀에게 비현실적인 환상만 잔뜩 심어주잖아. 이런 비현실적인 환상을 갖고 연애를 한다면 어떻겠니? 환상이 깨지면서 실망만 커지겠지. 실패한 연애를 비관해 자살하는 사람들이 일 년에만 몇 명인지 아니? 과연 이 사람들이 영화의 영향을 조금도 받지 않았다고 말할 수 있겠니?"

어머니는 잠시 후 굉장히 엄숙한 목소리로 말했다.

"한쪽은 사람을 살리는 길이고, 다른 한쪽은 사람을 망치는 길이란다. 곰곰이 생각해보렴. 네가 어떤 인생을 살고 싶은지에 대해서 말이다."

맙소사. 어머니는 영화에 대해 이런 말도 안 되는 대단히 부정적인 생각을 가지고 있었다! 어머니의 이런 생각을 바꿔놓기에는 나는 너무 어렸고 어머니는 매우 완고했다. 부모님의 반대를 이겨낼 힘이 없었기 때문에 할 수 없이 영화를 공부하겠다는 결심을 포기했다. 그러고는 부모님 그리고 나를 아는 사람 대부분의 기대에 부응하며 의사가 되었다. 그때는 내가 어느 날 대학병원을 그만두고 전업 작가가 되리라고는 상상도 못했다.

돌이켜보면 나는 굉장히 변화가 빠른 세상 속에서 살아왔다. 초등학교 때 하루는 한 친구가 집에 전화기를 놨다는 말을 듣고는 집에 돌아와 할머니께 우리 집에도 전화기를 놓자고 졸랐다. 그때 할머니가 내게 물었다.

"그 친구 말고도 집에 전화기가 있는 친구가 있니?"

나는 고개를 저었다.

"그렇다면 전화를 놓는다고 해도 그 친구 말고는 전화할 사람이 없는 것 아니니?"

1970년대, 나는 타이완의 남쪽 지방에서 청소년기를 보냈다. 그 시절은 경제가 급속히 성장하고 있던 시기였는데 GDP가 상승하고 타이완 전역에 높은 빌딩이 대대적으로 들어섰다. 우리 부모님은 그 10년 사이, 20평쯤 되는 집을 구입했다. 마침내 우리 가족도 전세 신세를 벗어나 처음으로 집을 소유하게 된 것이다. 그동안은 구경도 못해봤던 냉장고, 텔레비전, 냉방 기기 등 현대화된 가전도 그때 처음으로 집에 들여놓았다.

1978년 미중 수교가 단절된 이후 타이완은 국민당 일당 체제에서 점점 민주주의 체제로 바뀌고 있었다. 당시 나는 타이난(台南)의 친척 집에 머물며 고등학교를 다니고 있었다. 함께 살던 사촌 형이 정기 구독하던 반체제 잡지 〈메이리다오(美麗島)〉에는 국민당의 독재를 반대하는 글과 기사가 많았는데, 우리는 저녁 식사 시간에 늘 이 문제를 놓고 열띤 토론을 벌였다.

1979년에 가오슝(高雄)에서 메이리다오 사건(1979년 12월 10일, 세계인권선언일을 맞이하여 메이리다오 잡지사에서 주최한 시위로 인해 경찰과 충돌하고 주최자 등이 투옥된 사건. 타이완의 민주화에 큰 영향을 주었다)이 터졌을 때 늘 걱정이 많았던 어머니는 매일 내게 전화를 걸어 절대 가오슝 근처에는 가지도 말라고 당부했다.

1980년대, 나는 타이베이에서 대학교를 다녔고 세상은 여전히 급변하고 있었다. 전 세계로 시야를 넓혀준 국제영화제부터 저명인사들의 강연, 포크 음악 유행까지 날마다 눈이 휘둥그레질 지경이었다. 당시에는 선거 기간이 되면 다들 유명 가수의 콘서트를 관람하듯 후보자 토론회를 관심 있게 지켜봤다. 한번은 후보자 토론회를 보러 갔다가 당국의 법을 어겨 감옥에 들어간 남편을 대신해 출마한 여성을 보게 되었다. 무소속 후보였던 그녀는 어떠한 정치적 견해도 얘기하지 않고 차이친(蔡琴)의 '망니조귀(望你早歸)', 덩리쥔(鄧麗君)의 '안평추상곡(安平追想曲)' 두 곡을 불렀다. 사람들은 그녀에게 열렬한 박수를 보내며 고무줄로 묶은 지폐 뭉치를 무대 위로 던졌다. 지폐 뭉치는 종종 무대 아래로 떨어지기도 했지만 그 누구도 자신의 주머니에 넣는 사람은 없었다.

1990년대 이후, 나는 군복무를 마치고 국립타이완대학병원에서 의사생활을 시작했다. 일을 시작한 지 1년도 채 되지 않아 들백합학생운동(1990년 3월에 일어난 대규모 학생운동)이 일어났다. 당시 학생 수천 명이 병원 근처의 중정기념당에 모여 투쟁을 벌였고 정부에 국민대회의 해산, 임시약관의 폐지, 국시회의(國是會議)의 개최, 정치개혁 로드맵 제시 등을 요구했다. 나를 비롯한 젊은 의사들은 학생들을 따라 정의감에 불타올랐고 의료용품을 챙겨 단식투쟁 중인 학생들을 보살피러 다녔다.

그 이후 타이완에서는 수시로 국시회의가 열렸고 종신제인 만년국회와 임시조약을 폐지했으며 대통령직선제를 실시했다.

이렇게 돌아보니 내가 성장하는 동안 타이완이라는 나라도 함께 성장하고 있었다. 개인의 외모, 지식, 사업뿐만 아니라 타이완의 민주주의와 자유도 매일 변화하고 있었던 것이다. 나는 이러한 변화를 보면서 모든 노력에는 그만한 결과가 있고 모든 불의는 언젠가 심판받는다고 생각했다. 세상을 변화시키고 싶다는 생각을 해본 적 있냐고? 물론이다. 심지어 나는, 세상은 변할 수 있다고 확신한다.

사람을 구하는 길을 택할 것인가, 망치는 길을 택할 것인가?

세상을 변화시키고 싶다는 생각에 의지하여 나는 1997년 병원을 그만두고 전업 작가의 길로 뛰어들었다. 나는 주로 당대의 사회 문제를 바탕으로 글을 썼고 연이어 권력에 대한 내용을 다룬 《백색거탑(白色巨塔)》, 잘못된 교육제도를 다룬 《위험한 영혼》, 유명세에 대한 내용을 다룬 《위험한 포옹(危險擁抱)》 등의 소설을 발표했다.

각 소설마다 특징은 달랐으나, 나는 공통적으로 개인주의가 팽배하고 경쟁이 치열한 현대 사회에서 과연 권력, 학력, 유명세, 돈 등으로 행복을 얻을 수 있을지에 관해 독자들과 교감하고 싶었다. 무조건 앞서 나아가려는 치열한 경쟁의식은 이미 의

료계, 교육계, 언론계 등의 전 분야에 깊숙이 침투해버렸다. 사람들은 자신의 이익을 위해서라면 수단과 방법을 가리지 않고 과감히 타인을 해친다. 실상, 사람들은 행복한 결말을 꿈꾸지만 점점 더 불행해지고 있다. 끊임없이 경쟁하며 선두 자리에 목을 맨다. 이를 지키지 않으면 엄청난 무력감에 시달린다. 만약 이런 상황이 계속된다면 세상은 과연 어떤 모습으로 변할까?

2002년에 나는 열다섯 살 소년의 실화를 바탕으로 소설《위험한 영혼》을 집필하기 시작했다. 주인공 시에정제는 수업 시간에 만화를 봤다는 이유로 교실 밖으로 쫓겨나 수업을 들어야 했다. 이 사실을 알게 된 그의 부모님은 학교에 찾아와 이 문제를 따졌고, 선생님의 반감을 사 이후 사사건건 대립하게 된다. 나는 시에정제의 이야기를 통해 독자들이 교육의 본질에 대해 다시금 생각해보기를 바랐다. 교육의 주체는 학생인가, 제도인가? 학교는 학생들에게 지식을 전달해주는 곳인가, 시험으로 학생들을 선별하는 곳인가? 학교 교육은 학생들에게 서로 사랑하고 나누며 존중하는 법을 가르치는 것인가, 경쟁의식을 심어주는 것인가?

나는 이 소설을 쓰기 위해 많은 사람을 만나고 방대한 자료와 사례집을 읽었다. 나는 소설을 통해 이 남학생을 비롯한 모든 학생의 마음을 대변해주고 싶었다. 그래서 시에정제의 1인

칭 시점을 이용했다. 소설을 쓰는 동안 마치 공부와 시험으로 점철된 학생 시절로 돌아간 것 같았다. 그리고 열다섯 살의 시에정제가 되어 내가 열다섯 살에는 용기가 없어 일으키지 못한 혁명을 일으켰다. 나는 시에정제를 통해 독자들이 우리의 교육 제도에 대해 생각해보고 잘못된 것이 있다면 과감히 투쟁할 수 있기를 바랐다.

그런데 소설에 너무 몰입하다 보니 몸에 이상 신호가 나타나기 시작했다. 낮에는 허리가 아파 책상에 앉아 있을 수가 없었고, 급기야 팔 힘줄에도 염증이 생겼다. 그뿐만 아니라 밤에 불면증에 시달렸고 겨우 잠에 빠질지라도 이내 시에정제가 소설 속에서 꾼 것과 같은 꿈을 꾸기 일쑤였다. 친구들은 잠시 쉬는 시간을 갖는 게 좋겠다고 말했고, 의사 역시 건강에 유의해야 한다고 경고했다. 그러나 나는 멈출 수가 없었다.

2000년 이후 타이완의 남녹대전(남색은 국민당을 상징하고 녹색은 민진당을 상징해서, 두 정당의 대항을 남녹대전이라고 부른다)이 점점 더 심각한 양상으로 변해갔다. 타이완은 각종 사회 문제로 혼란에 빠졌고 여기저기서 논쟁이 끊이지 않았다. 정치인, 언론인, 투자자, 중산층 등 모든 사람이 자신의 권리를 보호하기 위해 투쟁했다. 과거 '세상은 변할 수 있다'던 확신은 서서히 자취를 감추기 시작했고 전 사회가 엔진이 꺼져버린 배처럼 파도에 이리저리 휩쓸려 다녔다.

2003년《위험한 영혼》의 원고를 출판사에 넘길 무렵, 타이완에는 사스(SARS)가 유행하기 시작했다. 거리를 오가는 사람 모두가 마스크를 쓰고 다녔다. 무거운 책임감에 일부 의사는 자신의 직책을 포기했고 사람들은 공황 상태에 빠졌다.

《위험한 영혼》은 출판 이후 뜨거운 반응을 얻었고 연말에는 각 서점의 여러 체인점에서 올해의 베스트셀러로 꼽히기도 했다. 신문과 인터넷에는 이 책과 관련된 각종 평론과 서평이 가득했다.

사람들은 편지, 이메일 등을 통해 자신의 경험이나 책을 읽고 느낀 바를 이야기했다. 나는 독자들이 보내준 편지에 늘 감동했고 심지어 이로써 교육계에 변화가 일어날 수 있으리라는 생각도 했다. 하지만 그것은 나만의 착각이었다.

소설《위험한 영혼》이 큰 인기를 누리기는 했지만 실화의 주인공인 남학생에게는 어떠한 도움도 되지 않았다. 그 아이는 여러 차례 전학을 다니는 등 학교생활이 순조롭지 않았고 결국 해외 유학을 떠났다. 그는 이러한 불행에서 벗어나고 자신이 틀리지 않았다는 것을 증명하기 위해 소중한 청춘을 다 써버렸다.

그런데 더 심각한 것은, 사회 분열이 심해지면서 사람과 사람 사이의 신뢰에도 금이 가기 시작했다는 것이다. 교육제도는 계속 바뀌었고 대학입학시험의 방식도 계속 변했다. 교육부 장관의 교체 주기는 《위험한 영혼》에서 묘사한 것보다도 더 빨랐다. 그뿐만 아니라 모든 개혁 방안은 정치 논쟁에 휘말렸다. 한 해 또 한 해 정부의 실험용 생쥐 꼴인 학생들이 졸업했고 시험에 대한 부담감은 더욱 가중되어 학원의 수만 점점 더 늘어났다. 교육제도는 끊임없이 바뀌었지만 그 배후의 시험과 경쟁의 본질은 조금도 변하지 않았다.

2004년에 《허우원용 극단편(侯文詠極短篇)》의 원고를 출판사에 제출하고 나니 대선 기간이었고 남녹대전은 정점에 달했다. 나는 《위험한 영혼》의 결말에 나오는 거대한 투쟁이 거리 곳곳에서 현실화되는 것을 목격했다.

과거 투쟁이라고 하는 것은 권력 체제하에 억압받는 민중이 장기적인 이익을 위해 벌이는 항의에 가까웠다. 약자가 강자에 대항하는 형식이고 모두 공의(公義)를 위한 것이었다. 그러나 오늘날의 투쟁은 힘이 있는 정치인들이 자신의 이익을 위해 공의를 핑계 삼아 민중을 선동하고 강자가 강자에게 맞서는 형식이 되어버렸다. 나는 이런 생각이 들었다.

'과연 내가 세상을 바꿀 수 있을까? 혹시 내가 하고 있는 일이 이 사회의 혼란만 더 가중시키고 있는 것은 아닐까?'

2005년 구씨 성을 가진 한 여성이, 추운 겨울날 밤에 술 취한 아버지가 거리에서 폭행을 당해 의식을 잃었는데 응급실에 자리가 없다는 이유로 여러 병원에서 거절을 당해 결국 식물인간이 되었다는 제보를 했다. 이 사건으로 인해 그동안 의료 체계를 못마땅해했던 민중의 불만이 일제히 터져 나왔다. 수많은 매체에서 이 사건을 집중적으로 다루었는데 그중 한 매체에서는 '구씨 사건으로 백색거탑의 고질병이 드러나다'라는 제목의 글을 게재하며 의료 개혁 실행을 촉구했다.

이 모든 혼란을 보고 있자니 내 마음은 점점 더 바닥으로 가라앉았다. 내가 쓰는 이야기가 이 사회에서 무엇을 변화시킬 수 있을까? 만약 내 믿음이 잘못되었다면 어떻게 해야 할까?

대학교 4학년 때 의과대학을 그만두고 영화를 공부하고 싶다고 말했을 때 했던 어머니의 말이 다시금 떠올랐다.

"한쪽은 사람을 구하는 길이고, 다른 한쪽은 사람을 망치는 길이다. 곰곰이 생각해보렴. 네가 어떤 인생을 살고 싶은지에 대해서 말이다."

만약 나이 들고 완고한 어머니의 기준대로 '사람 구하는 일'을 놓고 생각해본다면 의사라는 직업을 버리고 작가가 되어 내가 이룬 성과는 아무것도 없었다. 나는 한동안 무엇을 써야 할지, 무엇을 쓸 수 있을지 고민했고, 심지어 절필해야겠다는 생각까지 했다.

그래도 계속

2004년 여름, 나는 아내와 함께 차를 타고 무작정 여행을 떠났다. 어디로 가야 할지, 어디에 머무를지, 언제 돌아올지 아무것도 정하지 않고 일주를 시작했다.

당시 설산터널이 아직 뚫리기 전이어서 우리는 동북각해안을 타고 동쪽으로 향했다. 길 위에서 찍은 사진에는 아내 외에는 그 어떤 사람도 담겨 있지 않았다. 나는 가벼운 디지털카메라 한 대를 가져갔는데 사진을 정말 많이 찍었다. 하늘, 구름, 도로, 나무 그림자, 바다, 선박, 파도, 전봇대 등의 사진을 천 장도 넘게 찍은 것 같다. 햇볕이 강해 사진의 색감이 따듯하고 예뻤다. 그런데 사진과 달리 당시 내 마음은 차갑기만 했다.

나는 나중에서야 내가 아내 외에는 그 어떤 사람도 카메라에 담지 않았다는 사실을 깨달았다. 사진은 온통 말이 없는 하늘, 말이 없는 구름, 말이 없는 도로, 말이 없는 나무 그림자, 말이 없는 바다, 말이 없는 선박, 말이 없는 파도뿐이었다. 아마도 나는 그것들과 내면의 깊은 대화를 나누고 있었던 것 같다.

우리는 그렇게 차를 타고 가다 서다를 반복했다. 나는 화롄(花蓮)에서 타이둥으로 가는 내내 끝없이 펼쳐진 논밭의 벼이삭을 감상했다. 며칠 동안은 논밭이 보일라치면 어떤 충동이 생겨 무작정 셔터를 눌렀다. 나는 벼이삭, 논, 도랑, 모종, 먼 곳의 산, 그 주위를 둘러싸고 있는 구름 등의 사진을 찍었다.

나는 심지어 벼가 자라는 소리를 들을 수 있다는 착각에 빠지기도 했다. 도대체 무슨 충동이 일어서인지 나는 흥미진진한 소설의 페이지를 넘기는 것처럼 끊임없이 셔터를 눌러댔다. 마치 논밭마다 어떤 감동적인 이야기가 숨어 있는 것처럼 말이다.

논밭 주변에는 여행자들이 현지의 쌀을 맛볼 수 있도록 도시락을 파는 식당이 여러 개 있었다. 우리는 그중 한 식당에 들어갔는데 벽에 거대한 포스터가 붙어 있고 그 안에는 이렇게 쓰여 있었다.

따시(大溪)는 건두부 하나로 지역민 모두가 먹고산다. 그러니 우리가 단순히 도시락을 판다고 과소평가하면 안 된다. 도시락 안에는 쌀밥 외에도 절임고기, 장아찌, 야채볶음 등 다양한 요리가 들어 있다. 모든 요리를 맛있게 만들 수 있다면 우리는 누구보다 기회가 많다.

그 집은 타이완 독립 직후부터 지금까지 계속 똑같은 자리에서 도시락을 팔았다. 우리는 도시락 두 개를 사 모르는 여행객들 틈바구니에 끼어 앉아 밥을 먹었다. 어른, 어린아이 들이 주고받는 말, 가게 안을 꽉 채운 자질구레한 소음은 모두 일상에서 들을 수 있는 지극히 평범한 소리였다. 그런데 내 마음 때문이었는지, 길에서 본 수많은 벼이삭 때문이었는지 나는 평범함 속에서 평범하지 않은 분위기를 느꼈다. 그런 분위기 속에서 나는 쌀밥의 구수한 냄새를 맡았다. 매일 쌀밥을 먹을 때 맡을 수 있는 그 냄새를 말이다.

밥을 다 먹고 다시 카메라를 들어 사진 몇 장을 찍었다. 나는 어떤 각도에서 찍어야 할지 생각하지도 않고 주변을 정돈하지도 않고 자유롭게 찍었다. 미학적인 기준에서 본다면 한참 모자란 사진이지만 그 안에는 보이지 않는 힘과 특별한 감정이 느껴졌다.

도시락 사진을 찍은 이후에는 더 이상 논밭을 찾아다니며 사진을 찍지 않았다. 그리고 내 사진에는 다시금 사람들이 등장했다. 평생 쌀농사를 지어 지난해 드디어 쌀대회 챔피언을 거머쥐었다는 농부 아저씨, 타이베이에서 귀농해 유기농 쌀 재배를 돕고 있다는 상인, 도시에서 고향으로 돌아와 민박을 열었다는 젊은이, 자신의 아들이 수학 영재인데 아무리 힘들어도 미국 수학대회에 참가하는 것을 지원해주고 싶다는 어머니…….

그 이후 계속 글을 쓸 수 있겠다는 자신감이 조금씩 다시 생겼다. 그런 자신감이 어디에서 오는지 알 수 없었지만 살면서 마음이 괴로운 일이 생기면 그때처럼 차를 타고 무작정 여행을 떠난다.

한동안 내 책상 앞 게시판에는 여행에서 찍은 사진들이 걸려 있었다. 소리 없이 자라고 있는 논밭의 벼, 논에 비친 하늘, 두둥실 떠다니는 흰 구름, 농부 아저씨, 민박집 주인 총각, 식당 안에서 도시락을 먹고 있는 사람들까지…….

신문을 펼치거나 뉴스를 틀면 계속해서 실망스러운 소식들이 전해졌지만 점점 그것들을 어떻게 이겨내야 하는지 깨달았다. 고개를 들어 게시판에 걸어놓은 여행 사진들을 보는 것이다. 흰 구름, 파란 하늘, 논밭 등의 사진을 보고 있노라면 숨이 탁 트이는 기분이 들었고, 이러한 기분은 내게 계속 글을 쓸 수 있는 힘을 주었다.

감동의 힘

2004년 가을, 잉수(映書)미디어 회사의 궈젠훙(郭建宏) 사장과 식사를 하게 되었다. 그는 나를 보자마자 이렇게 말했다.

"우리 딸이 당신 책을 정말정말 좋아해요. 특히 《위험한 영혼》을 가장 좋아합니다. 얼마 전 아이가 이렇게 말하더군요. '아빠, 《위험한 영혼》을 텔레비전 드라마로 만들 수 있었으면 좋겠어요. 그러면 아빠가 굉장히 자랑스러울 것 같아요.' 제가 오늘 뵙자고 한 이유가 바로 이겁니다."

그는 내게 드라마 제작자가 되어달라 부탁했고 며칠 동안 고민한 끝에 나는 승낙했다. 그 이후 몇몇 친구의 도움으로 〈파란 대문(藍色大門)〉의 이즈옌(易智言) 감독과 전화 통화를 할 수 있었고, 나는 그에게 드라마 〈위험한 영혼〉의 감독을 맡아줄 것을 부탁했다.

이즈옌 감독이 말했다.

"먼저 소설을 한 번 읽어볼게요. 다 읽은 다음에 다시 얘기합시다."

며칠 후 그에게서 연락이 왔다.

"선생님의 제안을 수락할게요. 성장은 제가 줄곧 관심을 갖고 있던 소재였어요. 아마 이번에 타이완 사회에 무언가 알려줄 소중한 기회가 될 것 같네요."

이즈옌 감독은 국립예술대학교의 몇몇 학생으로 각본팀을 꾸렸고 본격적인 작업에 들어갔다. 몇 달 후 오디션을 통해 황허, 지페이웨이, 장수하오 등 열다섯, 열여섯 살의 연기 경험이 전무한 학생들을 섭외했다. 그런 다음 원성하오, 지찬더, 가오제, 리리에, 관융 등등의 쟁쟁한 배우들도 섭외했다. 이처럼 많은 사람의 참여로 드라마 〈위험한 영혼〉은 서서히 완성되었다.

〈위험한 영혼〉은 2006년 6월부터 평일 저녁 8시 30분에서 9시까지 공영방송국을 통해 30부작으로 방영되었다. 드라마를 통해 시에정제라는 열다섯 살 남학생의 이야기는 다시금 사회적 이슈가 되었다. 매일 저녁 9시, 드라마가 끝나고 나면 방송사 홈페이지에서는 시청자들의 열띤 토론이 벌어졌다. 나 역시 매일 드라마가 끝나면 게시판에 올라온 글들을 확인했다. 사람들은 자신의 분노, 슬픔, 감동 등을 거침없이 표현했고 나는 마치 천군만마를 얻은 듯했다.

우리가 함께 감동하고 함께 고민한 덕분에, 학생들에게 힘을 실어줄 수 있었고 시에정제에게도 희망이 생겼습니다. 정말 감사합니다. 우리는 이러한 희망으로 세상을 바꾸어나갈 수 있을 겁니다.

〈위험한 영혼〉의 마지막 방송 날, 나는 게시판에 감사의 글을 올렸다. 하지만 감사 인사만 하기에는 뭔가 부족했다. 그래서 덧붙였다.

드라마는 이제 끝났습니다. 하지만 〈위험한 영혼〉은 아직 미완성입니다. 시에정제가 계속 성장해 나아가야 하는 것처럼 드라마를 통해 감동받은 시청자들이 각자의 인생에서, 이 사회에서 자신만의 방식으로 〈위험한 영혼〉을 완성해주시길 바랍니다.

한 사람을 구하다

2007년 금종장(金鐘獎) 시상식에서 〈위험한 영혼〉은 올해의 최고드라마상과 남자주연배우상을 수상했다. 그리고 얼마 후 한 중학교에서 어떤 남학생이 선생님께 혼이 나 교실 밖으로 쫓겨나는 일이 생겼다. 선생님은 아이의 책걸상마저 복도로 내보냈다. 언론에는 남학생이 책걸상과 함께 교실 밖으로 쫓겨난 사진이 떠돌았다. 〈위험한 영혼〉 속 시에정제에게 일어났던 일이 현실 세계에서 일어난 것이다. 사람들은 시에정제에 대한 감정을 이번 사건의 주인공에게 이입했다. 그 때문에 해당 학교, 시 정부의 담당 부서, 시 의회에는 항의 전화가 폭주했다.

하룻밤 사이에 여론에 시달린 학교 측은 서둘러 사과했고 남학생의 책걸상은 교실로 다시 옮겨졌다. 나는 밤에 뉴스를 통해 이 소식을 접했다. 해당 학교의 한 교사가 기자와의 인터뷰에서 이렇게 말했다.

“학교는 학생들에게 안전하고 즐거운 학습 환경을 만들어 줘야 합니다. 교사들이 올바른 교육방식을 정립해야 할 것입니다.”

인터뷰하는 교사 뒤로 아이들이 뛰노는 화면이 보였다. 나는 그 아이들 중에서 이번 사건의 주인공을 찾았다. 아이는 아무 일도 없었다는 듯 해맑게 웃고 있었다. 그 아이를 보면서 나는《위험한 영혼》의 실제 주인공 남학생이 견뎌야 했던 고통을 떠올렸다. 그리고 최근 몇 년 동안 발생한 수많은 사건을 떠올리자 만감이 교차했다. 어느새 내 눈에서 눈물이 흘렀다.

나는 마음을 가라앉히고 어머니께 전화를 걸었다. 의사의 길을 계속 걸었다면 예전에 어머니가 했던 질문에 쉽게 답할 수 있었을 것이다. 그러나 1997년 병원 일을 그만두고 작가가 된 이후 10년이라는 시간 동안 어머니께 전화할 자신이 없었다.

“여보세요.”

어머니의 익숙한 목소리가 들리자 나는 감격의 눈물을 흘리며 말했다.

“어머니, 제가 한 사람을 구했어요.”

'문턱값' 3의 사람들

나는 그동안 세상을 변화시키는 일을 놓고 처음에는 의기충천했다. 그러다가 좌절하기도 하고 회의감을 느끼기도 했다. 그럼에도 누군가가 내게 지난 20~30년 동안 혹은 지금도 세상을 변화시킬 수 있다는 꿈을 믿느냐고 묻는다면 내 대답은 무조건 '그렇다'이다. 물론 어린 시절 애니메이션에서 보던 슈퍼맨 혹은 스파이더맨 같은 특별한 힘이 내게 있는 것은 아니다.

나는 마지막으로 한 가지 이야기를 더 하고 싶다.

사회학자 마크 그라노베터(Mark Granovetter)는 시위 현장 모형을 통해 사회의 작동 원리를 설명했다. 그는 시위에 참여할 것인지를 결정해야 하는 사람 100명이 있다고 가정했다(실제로 시위 혹은 폭동에 참여하는 사람은 훨씬 많겠지만 설명의 편의를 위해 100명으로 한정했다). 100명의 배경과 조건이 모두 다르고 사회에 불만을 갖는 정도도 다르기 때문에 시위 참여를 결정하는 '문턱값(threshold)'도 모두 다르다. 문턱값이 0인 사람은 비합리적이고 불공평한 일을 당했을 때 주변 사람들의 격려 없이도 스스로 시위에 참여한다. 다른 한 사람이 시위에 참여하는 것을 보고 함께 참여하는 사람은 문턱값이 1이다. 두 사람이 시위에 참여하는 것을 보아야 참여하는 사람은 문턱값이 2다.

A 도시에 100명의 사람들이 있고 각각의 문턱값이 0에서 99까지라고 가정해보자. 비합리적인 사건이 발생했을 때 어떤 일이 벌어질까? 문턱값이 0인 사람은 사건을 보자마자 시위에 나서고 비합리적인 상황을 바꾸려 노력할 것이다. 이어서 문턱값이 1인 사람이 그를 보고 따라서 행동을 취하고 문턱값이 2인 사람이 또 그 뒤를 따를 것이다. 이렇게 되면 100명의 사람이 모두 시위에 참여하게 되는 것이다.

같은 시각 B 도시에도 100명의 사람이 있다고 가정하자. A 도시와 다른 것은 B 도시의 문턱값이 3이었던 사람이 일련의 사건을 경험한 후 더 이상 적극적으로 나서지 않겠다고 결심해 문턱값이 4로 바뀌었다는 점이다.

이러한 상황에서 비합리적인 사건이 발생하면 어떤 일이 벌어질까? 처음에는 B 도시에서도 문턱값이 0인 사람이 적극적으로 나설 것이다. 그리고 그가 문턱값이 1인 사람을 참여시키고 문턱값이 2인 사람을 뒤따르게 할 것이다. 하지만 앞에 세 사람이 참여한 이후에는 양상이 조금 달라진다. B 도시에는 문턱값이 3인 사람이 없고 문턱값이 4인 사람만 두 명이 있다. 문턱값이 4인 사람은 시위에 참여하는 사람이 세 명 뿐인 것을 보고 나서기를 망설인다. 그래서 자연히 문턱값 5, 6, 7 등의 사람들도 행동을 취하지 않는다. 결국 B 도시에서는 앞의 세 명만이 시위에 참여해 결국 비합리적인 사건을 변화시키지 못한다.

비합리적인 사건에 똑같이 불만을 느끼지만 A 도시에서는 사건을 바로잡았고 B 도시에서는 그러지 못했다. 이 둘 사이의 결정적인 차이는 무엇일까? 결정적 차이는 바로 문턱값이 3인 사람의 부재다.

문턱값이 3인 사람은 문턱값이 0인 사람만큼 높은 이상이 없고, 문턱값이 1인 사람만큼 지혜가 부족하며, 문턱값이 2인 사람만큼 용기가 없을지는 모른다. 하지만 그럼에도 그는 세상을 변화시키기 위해 없어서는 안 될 존재다. 세상의 변화는 바로 그의 손에 달려 있는 셈이다.

세상을 변화시키는 힘에 비해 문턱값 3이 가진 힘은 아주 미미하다. 하지만 절대 무력감을 느끼지는 않는다. 왜냐하면 자신의 능력 범위 안에서 할 수 있는 행동을 취해 문턱값 4인 사람에게 결정적인 영향력을 발휘하고 그 이후로도 문턱값 5, 6 등등의 사람들에게 영향을 미친다는 사실을 알기 때문이다.

수백, 수천, 수억 명의 사람들이 모여서 노력할 때야 비로소 세상이 변화될지도 모른다. 《위험한 영혼》이 2007년이 되어서야 한 남학생의 인생을 도운 것처럼 말이다. 어찌 되었든 문턱값 3인 사람이, 자신의 미미한 힘이 세상에 미칠 그 영향력을 믿는다면 시간이 아무리 오래 걸린다고 한들 세상은 변할 수 있다.

저마다 자신의 문턱값이 3이라고 생각하지 않는 세계에서는 변화가 일어날 수 없다. 그러나 사람들 각자 자신의 문턱값이 3이라고 믿는 세계는 언제든 변화할 수 있다. 내가 어떤 사람이 되느냐에 따라 내가 속한 이 세상의 모습이 결정된다. 결국 모든 것은 나 자신의 선택에 달려 있다.

포기하는 것은
계속 노력하는 것보다
어렵다.

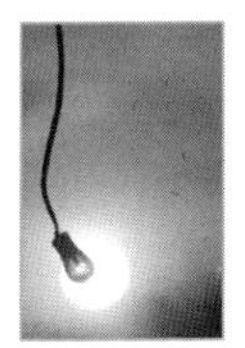

내 안의 나와 나누는 대화

초판 1쇄 인쇄 2016년 8월 28일
초판 1쇄 발행 2016년 9월 5일

지은이 | 허우원용
옮긴이 | 이지수
펴낸이 | 전영화
펴낸곳 | 다연
주소 | 경기도 파주시 문발로 115, 세종출판벤처타운 404호
전화 | 070-8700-8767
팩스 | 031-814-8769
메일 | dayeonbook@naver.com

본문 | 미토스
표지 | 김윤남

ISBN 978-89-92441-83-4 (03320)